Anne Götz

Analyse aspektorientierter Methoden mit Praxisbeispielen

Anne Götz

Analyse aspektorientierter Methoden mit Praxisbeispielen

zur Optimierung der Architektur einer Service orientierten Anwendung

Reihe Realwissenschaften

Impressum / Imprint
Bibliografische Information der Deutschen Nationalbibliothek: Die Deutsche Nationalbibliothek verzeichnet diese Publikation in der Deutschen Nationalbibliografie; detaillierte bibliografische Daten sind im Internet über http://dnb.d-nb.de abrufbar.
Alle in diesem Buch genannten Marken und Produktnamen unterliegen warenzeichen-, marken- oder patentrechtlichem Schutz bzw. sind Warenzeichen oder eingetragene Warenzeichen der jeweiligen Inhaber. Die Wiedergabe von Marken, Produktnamen, Gebrauchsnamen, Handelsnamen, Warenbezeichnungen u.s.w. in diesem Werk berechtigt auch ohne besondere Kennzeichnung nicht zu der Annahme, dass solche Namen im Sinne der Warenzeichen- und Markenschutzgesetzgebung als frei zu betrachten wären und daher von jedermann benutzt werden dürften.

Bibliographic information published by the Deutsche Nationalbibliothek: The Deutsche Nationalbibliothek lists this publication in the Deutsche Nationalbibliografie; detailed bibliographic data are available in the Internet at http://dnb.d-nb.de.
Any brand names and product names mentioned in this book are subject to trademark, brand or patent protection and are trademarks or registered trademarks of their respective holders. The use of brand names, product names, common names, trade names, product descriptions etc. even without a particular marking in this work is in no way to be construed to mean that such names may be regarded as unrestricted in respect of trademark and brand protection legislation and could thus be used by anyone.

Coverbild / Cover image: www.ingimage.com

Verlag / Publisher:
AV Akademikerverlag
ist ein Imprint der / is a trademark of
OmniScriptum GmbH & Co. KG
Bahnhofstraße 28, 66111 Saarbrücken, Deutschland / Germany
Email: info@akademikerverlag.de

Herstellung: siehe letzte Seite /
Printed at: see last page
ISBN: 978-3-639-87289-7

Inhaltsverzeichnis

Abkürzungsverzeichnis

AOP	Aspektorientierte Programmierung
API	Application Programming Interface
ASP	Active Server Pages
BSD	Berkeley Software Distribution
CLR	Common Language Runtime
DCOM	Distributed Component Object Model
DI	Dependency Injection
GNU	GNU is not Unix
HP	Hewlett-Packard
IBM	International Business Machines Corporation
IIS	Internet Information Services
IT	Information Technology
JIT	Just In Time
LAOS	Lightweight Aspect-Oriented System
LGPL	GNU Lesser General Public License
MSIL	Microsoft Intermediate Language
MSMQ	Microsoft Message Queuing
OASIS	Organization for the Advancement of Structured Information Standards
OOP	Objektorientierte Programmierung
PARC	Palo Alto Research Center
PIAB	Policy Injection Application Block
RSS	Really Simple Syndication
SAP	Systeme, Anwendungen und Produkte
SoC	Seperation of Concern
SUN	Stanford University Network
UML	Unified Modelling Language
VM	Virtual Machine
WCF	Windows Communication Foundation
WIKA	Warenbewirtschaftungs- und Informationssystem für Krankenhaus-Apotheken
WSE	Web Services Enhancements
XML	Extensible Markup Language

1. Themenabgrenzung

1.1. Motivation

In der heutigen Zeit werden in großen Projekten moderne Tools und Generatoren eingesetzt, um alle Möglichkeiten der Programmiersprache und -Umgebung zu nutzen. Dabei lassen sich leider nicht immer auftretende Probleme wie z.B. doppelter Code umgehen.

Die Service orientierte Anwendung WIKA.Net (Warenbewirtschaftungs- und Informationssystem für Krankenhaus- Apotheken unter .NET) ist in der Sprache C# programmiert. Bei der Entwicklung dieses Programms wird die objektorientierte Programmierung (OOP) eingesetzt, wodurch viele Querschnittsfunktionen entstehen. Z.B. wird bei jedem Serviceaufruf ein Logeintrag geschrieben, bei dem separat ein Logger mit entsprechenden Eigenschaften aufgerufen wird.

Der Programmierer wird durch mehrere solcher Anforderungen von seiner Hauptaufgabe abgelenkt. Unter diesen Anforderungen sind beispielsweise das Exception Handling, Caching und Security Management zu verstehen. Das Ziel der aspektorientierten Programmierung ist den Programmierer zu entlasten. Für diesen Zweck können diese Anforderungen von einer unabhängigen Komponente erledigt werden, die speziell dafür entwickelt ist. Durch diese Aufteilung können Aufgaben unter den Programmierern besser verteilt werden und die Fähigkeiten der jeweiligen Personen besser genutzt werden. Mit diesen Umsetzungsvorschlägen wird mit AOP eine Codeverbesserung und eine Minimierung der Fehlerwahrscheinlichkeit angestrebt.

1.2. Zielstellung

Die Zielstellung dieser Diplomarbeit umfasst zwei Kernpunkte.

Der erste Punkt ist das Finden eines geeigneten Frameworks oder einer entsprechenden Technologie für den Einsatz aspektorientierter Programmierung. Damit ist eine Analyse von zur Verfügung stehenden Frameworks und Technologien verbunden. Bei der Betrachtung ist jedoch die Programmierumgebung der zu optimierenden Anwendung WIKA.NET zu betrachten. Diese wird unter Visual Studio 8 mit dem .NET Framework 3.5, der Enterprise Library 3.1 in C# entwickelt. Unter Einbeziehung dieser Voraussetzungen kann der Einsatz von überladenen Technologien und Frameworks ausgeschlossen werden, da deren Leistungsfähigkeit nicht ausgenutzt wird.

Doch was sind nun Enterprise Services? Das wird im Anhang B kurz vorgestellt.

Der zweite Punkt ist der Einsatz der Technologie zur Optimierung der Anwendung. Mit zukünftiger Verwendung von AOP sollen Entwickler in ihrer Tätigkeit unterstützt werden, indem ihre Arbeit erleichtert und verbessert wird. Für die Einführung der Technik werden Einsatzmöglichkeiten, zur Verdeutlichung der Funktionsweise, analysiert.

1.3. Gliederung der Arbeit

Die Arbeit gliedert sich in drei große Punkte. Die Theorie der AOP, die Realisierung am Beispiel und die Analyse der einsetzbaren Frameworks bzw. Technologien.

Im Kapitel 2 wird auf die Probleme der OOP eingegangen, die den Anstoß für die Entwicklung der AOP gegeben haben und wie diese durch den Einsatz von AOP beseitigt werden können. Weiterhin werden die Begriffe, die mit AOP verbunden sind, vorgestellt und am Beispiel verdeutlicht.

Im Kapitel 3 werden Einsatzmöglichkeiten im Projekt vorgestellt und welche Ansätze es zur Verbesserung gibt. Diese werden anschließend an einem Beispiel umgesetzt und die Ergebnisse ausgewertet, d.h. eine Gegenüberstellung des Ist- und Soll- Zustandes und welcher Nutzen daraus gezogen werden kann.

Das Kapitel 4 beschäftigt sich mit der Analyse der Frameworks und Technologien, die im Projekteinsatz in Frage kommen. Hierbei wird ermittelt, welche die optimalen Voraussetzungen mitbringen und sich mit minimalem Aufwand im Projekt umsetzen lassen.

1.4. Abgrenzung zu verwandten Themen

Das Thema der Diplomarbeit lautet "Analyse aspektorientierter Entwicklungsmethoden zur Optimierung der Architektur einer Service orientierten Anwendung". Diesbezüglich stellen sich also dem Leser erstmals die Fragen:

- Was wird unter aspektorientierten Entwicklungsmethoden verstanden?
- Wie sieht die Architektur der Anwendung aus? siehe Anhang C
- Was bedeutet Service orientierte Anwendung überhaupt? siehe Anhang A

In der Arbeit kann nicht auf alle Fragen eingegangen werden. Der Anhang bietet dazu mehr Informationen, auch zur weiterführenden Literatur.

2. Entwicklung und Bedeutung der aspektorientierten Programmierung

2.1. Probleme der objektorientierten Programmierung

Der Begriff SEPARATION OF CONCERN (SoC) wird über seine Eigenschaft der Trennung von Systemfunktionalitäten definiert. Für Softwareentwicklern spielt diese Funktion eine tragende Rolle, da deren Hauptaufgabe bei der Herstellung von Softwaresystemen die Identifikation und Separation von Systemfunktionalitäten ist.

Bereits 1972 schlug David Parnas vor, das bestehende Programmierkonzept durch Modularisierung zu verbessern. Er wollte einen Prozess entwickeln, bei dem jedes Programmmodul nur seine eigenen Zuständigkeiten kennt und somit unabhängig von anderen Modulen arbeiten kann.

Recherchen für ein solches Vorgehen brachten die OOP in den Vordergrund, da diese viele Konzepte zur Umsetzung der SoC mitbringt, doch immer noch Schwächen bei der Vermeidung von Querschnittsfunktionen zeigt.
Die Schwächen entstehen durch das Paradigma der OOP. Dieses hat als Vorbild die reale Welt, d.h. es wird versucht, logisch in sich geschlossene Einheiten zu finden und diese zu abstrahieren. Diese Kapselung der Daten und Funktionen nach außen verhindern die Manipulation durch Methoden fremder Objekte.

Die Problematik, die sich aus dem Paradigma der OOP ergibt, besteht darin, dass technische Aspekte sich nicht auf funktionale Einheiten beschränken lassen. Sie durchdringen (CROSSCUTTING CONCERN) sozusagen das System. Dadurch kann die Kapselung nicht gewährleistet werden und die Wartbarkeit und Wiederverwendbarkeit wird reduziert, da die Umsetzung des technischen Aspektes sich in mehreren Einheiten befindet. In diesen sind unter anderem auch weitere technische Umsetzungen integriert, durch die die Lesbarkeit des Codes reduziert wird.

Das Konzept der AOP ist als Erweiterungskonzept für OOP und nicht als Ersatz zu sehen. AOP bietet weiterhin für die Problematik der Querschnittsfunktionen eine Lösung.

Die Kapselung der Querschnittsfunktionen gewährleistet eine strikte Trennung der technischen Seite. Dadurch bringt dieses Modularisierungskonzept viele Vorteile mit sich. Der Code wird lokal gehalten, was die Wartbarkeit, sowie die Lesbarkeit durch die Trennung der Aufgaben verbessert. Weiterhin wird redundanter Code vermieden. Dadurch entstehen weniger Fehler, wodurch die Produktivität steigt und unter Umständen verkürzen sich die Entwicklungszeiten.

Die Abbildung 1 verdeutlicht anschaulich die Lösung der Querschnittsproblematik durch AOP. Dabei ist zu erkennen, dass verschiedene Module aus gleichen Komponenten bestehen, jedoch z.T. auch unterschiedliche beinhalten können. Dabei muss jedes Modul alle verwendeten Funktionalitäten implementieren.

Die Lösung dieses Verhaltens ist in der Abbildung gut erkennbar: die modulübergreifenden Anliegen wie z.B. Fehlertoleranz, Sicherheit, Echtzeitverhalten und Geschäftslogik werden separat von den Modulen entwickelt und über den WEAVER in ein Gesamtmodul inklusive ihres Anliegens verwoben.

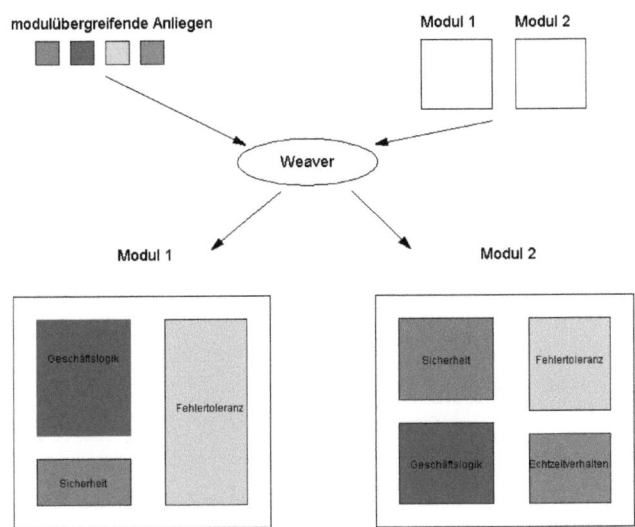

Abbildung 1: Lösung der modulübergreifenden Anliegen durch AOP (Vgl. [Sch03])

CROSSCUTTING CONCERN lassen sich in zwei Arten von Anforderungen unterteilen: In fachliche Kernanforderungen, die möglichst effizient abgebildet werden sollen und in nicht fachliche Anforderungen, die quer zur Kernanforderung stehen und über verschiedene Klassen und Module des Systems verstreut sind.

Bei dieser Aufteilung entstehen zwei Probleme: CODE TANGELING und CODE SCATTERING.

CODE TANGELING hat als Bezugspunkt eine Klasse bzw. ein Modul. Dieses Problem entsteht immer im Programmcode einer einzigen Klasse mehrere umgesetzt werden. (Vgl. [Lad02] Seite 3)

Bei CODE SCATTERING ist die Implementierung der Anforderung über viele verschiedene Module verteilt. Dabei entsteht redundanter Code in unterschiedlichen Klassen wie z.B. der Loggeraufruf in jeder zu loggenden Klasse. (Vgl. [Lad02] Seite 3) Wie dieses Problem behoben wird, wird in Abbildung 1 dargestellt.

Ein weiteres Problem der OOP ist das bereits angesprochene SoC. Dabei geht es um die Trennung der Anforderungen. SoC beschreibt die Fähigkeit Anforderungen an eine Software zu identifizieren, zu kapseln und später getrennt voneinander zu entwickeln bzw. zu manipulieren. Das SoC unter OOP ist aber nur in der Klassendimension umsetzbar. Dabei dient die Klasse dazu, die Daten nach außen hin abzukapseln, so dass nur die Klasse sichtbar ist, aber nicht ihre Implementation.

Zusammenfassend zur Problematik der Softwareentwicklung mit OOP ist zu sagen, dass der Entwicklungsprozess und das Design in mehreren Punkten durch CROSS-CUTTING CONCERNS negativ beeinflusst wird .

Wenn eine Implementierung mehrere Anforderungen erfüllt, dann geht der Zusammenhang zwischen ihnen verloren und es ergibt sich eine schlechtere Nachvollziehbarkeit des Codes. Des Weiteren sinkt der Grad der Wiederverwendbarkeit und es besteht die Möglichkeit, dass Wechselwirkungen zwischen einzelnen Anforderungen entstehen, die die Codequalität beeinträchtigen.

Bei der Umsetzung der Anforderungen wird der Entwickler mit mehrfach belastet, so dass die Konzentration auf die Kernaufgabe schwer fällt, da die Querschnittsfunktionaliäten ebenfalls mit in den Programmcode integriert werden müssen. Im Verlauf des Projektes können auch neue oder nachträgliche Anforderungen entstehen, die zu umfangreiche Änderungen des Codes in verschiedenen Modulen führen können. Das bedeutet, dass Erweiterungskonzepte eingeschränkt werden bzw. umfangreiche Konsequenzen nach sich ziehen können.

2.2. Einführung in die aspektorientierte Programmierung

Forschungen zu AOP wurden weltweit an verschiedenen Universitäten durchgeführt. Doch nur die Ergebnisse von Christina Lopez und Gregor Kiczales des Palo Alto Research Centers (PARC), das eine Tochtergesellschaft der Xerox Cooperation ist, brachten die AOP in ihrer Entwicklung voran.

Gregor Kiczales prägte den Begriff AOP 1996 und leitete das Entwicklerteam um AspectJ in den späten 90er Jahren.

Kürzlich überführe die Xerox Cooperation das Projekt in ein Open Source Project an `eclipse.org`, das dort weiterentwickelt wird.

Das Ziel der AOP ist die Unterstützung bei der Modularisierung der Querschnitts-funktionen. Dadurch wird die Möglichkeit der Kapselung dieser in Aspekte gegeben, welche anschließend unabhängig voneinander entwickelt und modifiziert werden. Es gab in der Vergangenheit unterschiedliche Programmierkonzepte, die sich mit der Lösung der Querschnittsproblematik von OOP beschäftigt haben, wie z.B. generative, Meta-, reflektive, kompositionale oder adaptive Programmierung. Doch konnten sich diese nicht gegen das Konzept von AOP durchsetzen. Bei diesem Konzept wird OOP nicht überflüssig, sondern bildet die Basis. AOP ist eine Erweiterung von OOP, welche die Verwaltung von Querschnittsfunktionen zentral an einer Stelle erlaubt.

Kritiker sind der Meinung, dass AOP schwer verständlich ist. Das liegt daran, dass von dem bisherigen OOP-Denken Abstand genommen werden muss, damit die Ein-gewöhnung in die neue Methodik stattfinden kann. Bei jeder Art der Programmierung gibt es Vor- und Nachteile. Drei grundlegende Vor- und Nachteile werden im Folgenden gezeigt (Vgl. [BK04]):

+ Klare Trennung der Verantwortlichkeiten der Module
  bedeutet, dass Module nur noch für ihre Kernfunktionalitäten verantwortlich sind, nicht mehr für etwaige Querschnittsfunktionen.
  Ein Beispiel dazu ist ein Datenbankzugriffsmodul, das nicht mehr für das Zusam-menfassen der Datenbankverbindung zuständig ist, sondern nur noch für den Zugriff.

+ Hohe Modularisierung
  durch die jede Funktion separat adressiert wird. Dadurch erspart der Program-mierer sich doppelten Code, was zum besseren Verständnis des Codes und des-sen Wartbarkeit führt. Dabei werden Änderungen nur noch an klar definierten Stellen vorgenommen, die dann für alle Einsatzbereiche gelten.

+ Hohe Wiederverwendbarkeit des Codes
  durch die Implementierung von Aspekten in einzelnen Modulen, wird eine sehr schwache Kopplung zwischen den Modulen erreicht. Diese wird nur noch durch den Weaver spezifiziert, d.h. es werden durch Änderungen der Eigenschaften des Weavers z.B. Systemkonfiguration manipuliert, ohne dass diese direkt im System geändert wurden.
  Ein Beispiel dazu ist die Verwendung unterschiedlicher Log-Implementierungen für ein Datenbankmodul, bei dem nur noch die Bindung des Aspektes geändert wird, nicht mehr das Modul selbst.

- Einhaltung von Namenskonventionen
  erfordert bei den Entwicklern eine gewisse Disziplin. Dabei ist es fraglich, ob
  dieses Prinzip in großen Teams oder unternehmensweit einsetzbar ist.

- Brechung der Kapselung
  durch den Eingriff von AOP können Klassen manipuliert werden, so dass diese
  ihr Verhalten nicht mehr alleine kontrollieren.

- Einführung von neuen Kopplungen
  zwischen den Komponenten und den Aspekten durch die Definition der Pointcuts über die Namen von Programmkonstrukten wie z.B. Pakete, Namespaces,
  Klassen oder Methoden.

Weiterhin kann die Umstellung bestehender komplexer Projekte schwierig sein, so
dass Codeänderung vorgenommen werden muss. Je nach Einsatzgebiet kann es ef-
fektiv oder auch komplex sein.

2.3. Grundbegriffe

2.3.1. Übersicht Begriffe

Im Zusammenhang mit der Welt von AOP werden Begriffe etabliert, die unbedingt eine
Klärung benötigen, damit es nicht zu Missverständnissen kommt.
Die Abbildung 2 zeigt den Zusammenhang der Begriffe JOINPOINT, POINTCUT und
ASPECT, abstrakt zur Einführung der Begrifflichkeiten.
In dieser Abbildung gibt es eine Klasse, die Methoden enthält. Für den Aufruf dieser

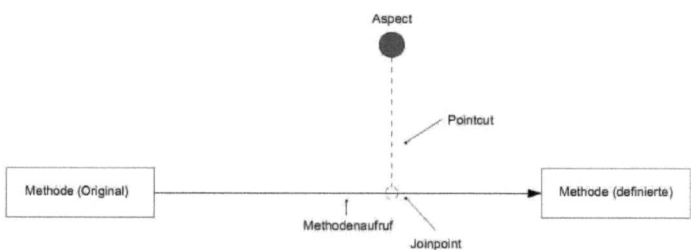

Abbildung 2: Zusammenhang Begriffe Aspect, Joinpoint, Pointcut (Vgl. [Wei05] F.8)

Methode wird ein Verbindungspunkt (Joinpoint) definiert. An dieser Stelle soll später
zusätzlicher Code integriert werden. In einem neu- oder vordefinierten Schnittpunkt
(Pointcut) wird dieser Punkt aufgenommen, damit bei Aufruf der Methode der Programmcode der entsprechende Aspekte in den Sourcecode eingebracht werden kann.

Dadurch verändert sich das Verhalten der Methode entsprechend der Definition des Aspektes. Das Ergebnis ist, dass die originale Methode sich anders verhält als darin vordefiniert, aber an der Methode selbst findet keine Veränderungen statt.

In den folgenden Kapiteln werden diese Begriffe genauer erläutert. Dabei bilden folgende Quellen die Grundlage [Lad03] Seite 64 ff., [See03] und [Wei05].

Zur Verdeutlichung der Begriffe werden diese am Beispiel einer Tankstelle mit Kundenservice vorgestellt (Vgl. [Rho09]). Die Situation stellt sich wie folgt dar: Unterwegs mit dem Auto muss zum Tanken an die Tankstelle gefahren werden. Vor dem Tankvorgang muss allerdings noch der Tankdeckel geöffnet und anschließend wieder verschlossen werden. Die Tankstelle übernimmt die Funktion des Betankens des Autos mit einer entsprechenden Füllmenge.

Wäre es jetzt nicht praktisch, wenn z.B. ein Tankwart den Part des Öffnens und Schließens des Tankdeckels übernimmt, damit der Fahrer das nicht mehr selber machen muss?

Somit werden die Aufgaben an einen Tankwart delegiert. Dazu wird eigentlich nur noch jemand oder etwas benötigt, der den Tankwart darüber informiert, dass ein Auto an der Zapfsäule vorgefahren ist.

2.3.2. Advice

Ein ADVICE ist eine Empfehlung, bei der eine bestimmte Aktion definiert wird. D.h. der ADVICE enthält jeweils Programmcode, der zur Ausführung gebracht werden soll. Dabei werden drei Typen unterschieden:

- BEFORE-ADVICE: Codeausführung vor dem JOINPOINT

- AFTER-ADVICE: Codeausführung nach dem JOINPOINT

- ARROUND-ADVICE: Codeausführung anstelle des JOINPOINTS

Im Beispiel ist der Tankwart der ADVICE, der gerufen wird, wenn ein Auto vorfährt. Dieser weiß genau, was wann zu tun ist, wie z.B. das Öffnen vor dem Tanken und Schließen nach dem Tanken des Tankdeckels.

2.3.3. Joinpoint

Eine Nachricht kann z.B. von mehreren Empfängern gelesen werden. Dabei ist der JOINPOINT (dt.: Verbindungspunkt) keine technische Komponente.

Dabei ist der Verbindungspunkt ein Ereignis während des Programmablaufes, das über ADVICES erweitert oder modifiziert werden kann. Ein Verbindungspunkt ist somit eine konkrete Situation wie z.B. Ein- oder Austritt in bzw. aus einer Methode oder das

Auftreten einer Exception. An diesen Verbindungspunkten sollen Querschnittsfunktionen in den Programmcode eingewoben werden, d.h. der Compiler soll an diesen Punkten im Quelltext zusätzliche Anweisungen einfügen.
Wie viele Punkte gebraucht bzw. angemessen sind liegt in der Verantwortlichkeit der Entwickler.
Im Einführungsbeispiel ist der Joinpoint z.B. das Vorfahren des Autos an der Zapfsäule.

Es gibt unterschiedliche Kategorien von JOINPOINTS und deren Wirkungsbereiche (siehe Tabelle 1). Hauptanwendungsgebiete von JOINPOINTS sind Methoden, Konstruktoren und Variablen.

Tabelle 1: Kategorien von Verbindungspunkten

Kategorie	Auswirkung auf
Methode	JOINPOINT Aufruf der Methode
Konstruktor	JOINPOINT Rumpf des Konstruktors, da dieser bei Ausführung des Konstruktors eingesetzt wird
Variablenzugriff	Lesezugriff: Ansprechen der Variable Schreibzugriff: Wertzuweisung der Variablen
Ausnahmebehandlung	`catch`-Block der Ausnahme
Initialisierung	Klasse: Laden der Klasse und Initialisierung ihrer statischen Variablen Objekt: Initialisierung des Objektes
Vorinitialisierung	Aufruf von `super()` im Konstruktor des Objektes
Advice-Ausführung	Ausführung des Advices

2.3.4. Pointcut

Ein POINTCUT ist ein Schnittpunkt. Dieser bezeichnet die Zusammenfassung von einem oder mehreren Verbindungspunkten. Dabei kontrolliert und überwacht dieser die Anwendung, wenn z.B. ein ADVICE aufgerufen wird.
Im Beispiel ist der Schnittpunkt der Kassierer. Dieser gibt dem Tankwart Bescheid, sobald ein Auto vorgefahren ist. D.h. sobald ein POINTCUT erreicht wird bzw. eintritt, wird ein entsprechender ADVICE angesprochen.

Jeweils ein ADVICE und der entsprechende POINTCUT bilden die Grundlage zur Behandlung der Querschnittsfunktionen.

POINTCUTS werden in verschiedene Kategorien eingeordnet: anonyme oder benannte bzw. eigenschaftsbasierte POINTCUTS.
Benannte Schnittstellen haben den Vorteil, dass sie im ADVICE über ihren Namen angesprochen werden und es besteht die Möglichkeit diese durch Operatoren miteinander zu verbinden (letzteres gilt auch für anonyme POINTCUTS).
Bei eigenschaftsbasierten POINTCUTS werden in der Methodensignatur oft Wildcards eingesetzt.

Die Tabelle 2 zeigt die Arten von POINTCUTS und deren Einsatzgebiete nach Häufigkeit aufgeschlüsselt. D.h. Schnittpunkte werden hauptsächlich in Verbindung mit einem Methodenaufruf verwendet.

Tabelle 2: Arten von Schnittpunkten

Art	Einsatz
Methodenaufruf	`call(Methodensignatur)`
Methodenausführung	`execute(Methodensignatur)`
Konstruktoraufruf	`call(Konstruktorsignatur)`
Konstruktorausführung	`execution(Konstruktorsignatur)`
Variablen Lesezugriff	`get(Variablensignatur)`
Variablen Schreibzugriff	`set(Variablensignatur)`
Ausnahmebehandlung	`handler(Typsignatur)`
Klasseninitialisierung	`staticinitialization(Typsignatur)`
Objektinitialisierung	`initialization(Konstruktorsignatur)`
Vorinitialisierung	`preinitialization(Konstruktorsignatur)`
Advice-Ausführung	`adviceexecution()`

2.3.5. Introduction

INTRODUCTIONS erlauben das Hinzufügen von Variablen und Methoden zu Klassen, Interfaces, Methoden und Aspekten, die deren Verhalten nicht beeinflussen.
Sie verändern ausschließlich die Signatur der z.B. von Klassen oder Methoden.
INTRODUCTIONS ist ein Konzept der statischen Querschnittsfunktion.
In einem ADVICE werden die vereinbarten Variablen angesprochen bzw. Methoden aufgerufen, d.h. es wird mit ihnen gearbeitet.

2.3.6. Declaration

DECLARATIONS geben Fehler oder Warnungen beim Kompilieren aus. Dabei kann z.B. die falsche Verwendung von Klassen erkannt werden.
DECLARATION ist ebenfalls ein Konzept der statischen Querschnittsfunktion.
Sie können die Priorität von Aspekten ändern. Ein Beispiel ist die Warnausgabe, wenn ein Teil des Systems die Methode `save()` aufruft.

2.3.7. Aspect

Ein ASPECT ist das Grundkonstrukt der AOP. Dabei geht es um die modularisierte Implementierung von Querschnittsfunktionen.

Es ist eine Sammlung von ADVICES, INTRODUCTION und DECLARATION. Der Aspekt kapselt eine bestimmte Funktionalität und kann mit dem Konzept einer Klasse gleichgestellt werden.

Sie werden nicht instantiiert, sondern nur von abstrakten Aspekten, Klassen oder Interfaces abgeleitet. Dabei sind sie modular aufgebaut, homogen, wiederverwendbar und transparent.

Begriffsabgrenzung zum abstrakten Aspekt: Ein abstrakter Aspekt hat eine abstrakte Deklaration. Die Implementationsdetails werden in die konkreten Aspekte verlagert. Abstrakte Aspekte werden auch Basisaspekte genannt. Das Grundschema ist: ein abstrakter POINTCUT wird in Aspekten konkretisiert, aber in abstrakten Aspekten definiert.

2.4. Entwicklungsschritte

2.4.1. Überblick Entwicklungsschritte

Die Entwicklungsschritte von AOP werden in drei Hauptschritte unterteilt. Diese sind in Abbildung 3 dargestellt.

Der Lichtstrahl, der in das erste Prisma einfällt, entspricht den Requirements im Soft-

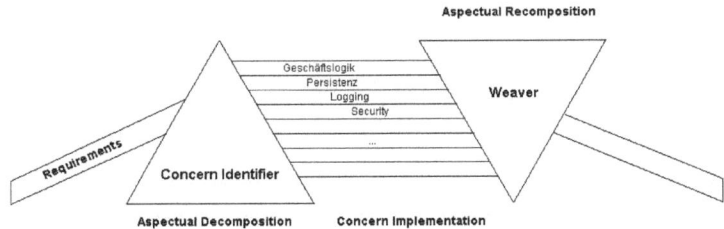

Abbildung 3: Entwicklungsschritte der Aspektorientierten Programmierung [Lad03], [Lad02]

wareprojekt, d.h. den gesamten Anforderungen, bestehend aus Kernanforderungen (CORE CONCERN) und Querschnittsfunktionen (CROSSCUTTING CONCERN).

2.4.2. Schritt 1: Aspektbezogene Separation

Das erste Prisma (CONCERN IDENTIFIER) zerlegt das Licht in Spektralfarben, d.h. im ersten Entwicklungsschritt werden die gesamten Requirements in Kern- und Querschnittsfunktionen zerlegt. Dabei wird dieser Vorgang auch aspektbezogene Separation (DECOMPOSITION) genannt. Eine Kernanforderung stellt z.B. die Geschäftslogik dar und eine Querschnittsfunktion das Logging bzw. die Authentisierung. (Vgl. [Lad02] Seite 5, [Lad03] Seite 21)

2.4.3. Schritt 2: Concern Implementierung

Ein CONCERN ist in diesem Zusammenhang eine gekapselte Aufgabe. Dieser ist ein zusammenhängender Verantwortungs-, Zuständigkeits- oder Funktionsbereich einer Software, d.h. es ist ein Anliegen oder Merkmal. Eine solche Aufgabe kann somit durch das geplante Software-System abgedeckt werden, z.B. durch ein Ziel, ein Konzept oder eine Anforderung. (Vgl. [Lad02] Seite 5, [Lad03] Seite 21)

Dieser Entwicklungsschritt besteht in der Implementierung der CONCERNS. Dabei wird jeder CONCERN unabhängig von anderen mit konventionellen Mitteln der Objektorientierung implementiert. Dadurch entstehen z.B. unterschiedliche Module wie

Geschäftslogik-, Logging- und Authentisierungs-Modul. Ein Modul kann unter anderem aus einem Interface und einer Implementation einer Klasse bestehen.

2.4.4. Schritt 3: Aspektbezogene Integration

Der dritte Entwicklungsschritt ist die aspektbezogene Integration (RECOMPOSITION). Dabei werden Integrationsregeln in Form von Aspekten formuliert. Die eigentliche Integration erfolgt im WEAVER beim Übersetzen des Codes. Der WEAVER benutzt dabei die erstellten Regeln um daraus das Gesamtsystem zu erzeugen, das durch das zweite Prisma entsteht. (Vgl. [Lad02] Seite 5, [Lad03] Seite 21)

2.4.5. Einordnung in den allgemeinen Entwicklungsprozess

Zur Einordnung von AOP in den Entwicklungsprozess dient Abbildung 4. Diese zeigt wie die Schritte der AOP in das Vorgehensmodell des allgemeinen Entwicklungsprozesses eingeordnet werden.

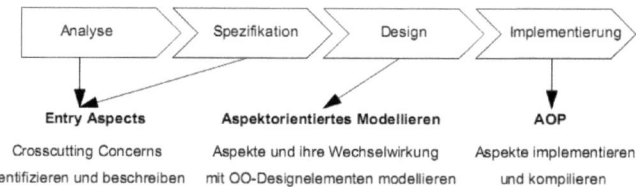

Abbildung 4: Einordnung AOP in den Entwicklungsprozess

Das WEAVING ist das Einweben der Aspekte in die entsprechenden Klassen, d.h. der ADVICE wird gebunden. Dieses Vorgehen dient der Zusammenführung von Programm- und Aspektcode.
Es werden folgende WEAVING-Arten unterschieden (Vgl. [Wei05] Folie 20 ff.):

Compiletime   Ist die Zusammenführung von Programm- und Aspektcode beim Kompiliervorgang.
Vorteile: Kein Mehraufwand zur Laufzeit, Fehlererkennung vor der Ausführung möglich
Nachteile: Nach der Kompilierung ist der Zugriff auf die Aspekte nicht mehr gegeben und bei Änderungen dieser muss das gesamte Programm neu kompiliert werden

Sourcecode   Zuerst wird der Programm- und der Aspektcode im Präprozessor zusammengeführt und anschließend findet der Kompilierschritt zur Programmerstellung statt. Diese Art findet z.B. bei ASPECTJ und ASPECTC++ Einsatz. Das grundlegende Prinzip ist in Abbildung 5 dargestellt.

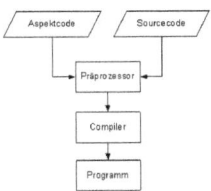

Abbildung 5: Sourcecode-Weaving

Bytecode Zuerst wird der Programmcode kompiliert und anschließend im Postprozessor mit dem Aspektcode zusammengeführt. Diese Art findet ihre Anwendung beispielsweise in ASPECTJ oder HYPERJ. Die Prinzipdarstellung ist in Abbildung 6 abgebildet.

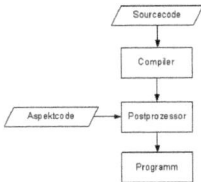

Abbildung 6: Bytecode-Weaving

Loadtime WEAVING wird vom CLASSLOADER durchgeführt.
Abbildung 7 zeigt das schematische Vorgehen: der Sourcecode wird zum Programm kompiliert. Anschließend integriert der Loader in der Virtuellen Maschine (VM) den Aspektcode.
Vorteile: Bei Aspektänderung muss nicht der Programmcode neu kompiliert werden

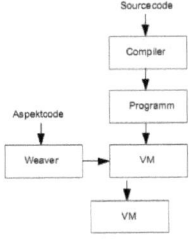

Abbildung 7: Loadtime-Weaving

und die Aspektauswahl findet erst beim Laden statt, nicht vorher.
Nachteile: Es wird ein spezieller CLASSLOADER benötigt. Dadurch entstehen höhere

Programmladezeiten und auf Aspekte kann während der Laufzeit nicht mehr zugegriffen werden.

Runtime Die Zusammenführung wird zur Laufzeit von der Laufzeitumgebung durchgeführt. Der Ablauf wird in Abbildung 8 dargestellt.
Vorteil: Aspekte sind zur Laufzeit entfernbar, hinzufügbar und änderbar.
Nachteile: Fehlererkennung findet erst zur Laufzeit statt, je nach Implementierung wird eine neue VM benötigt. Dadurch entsteht ein Mehraufwand zur Laufzeit.

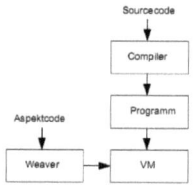

Abbildung 8: Runtime-Weaving

3. Aspektorientierung im Software-Entwicklungsprozess

3.1. Anwendung WIKA.NET

3.1.1. Einleitung WIKA.NET

WIKA ist die Kurzbezeichnung für **W**arenbewirtschaftungs- und **I**nformationssystem für **K**rankenhaus- **A**potheken.

Die Abbildung 9 zeigt die Oberfläche der Anwendung mit eingebundenen Modulen, die vorher in einer XML-Datei festgelegt werden. An das "Warenmanagement" einer

Abbildung 9: Anwendung Systema Business System v1.0

Krankenhaus-Apotheke werden im Allgemeinen hohe Anforderungen gestellt. Dazu gehören:

1. Hohe Lieferbereitschaft.

2. Möglichst geringe Kapitalbindung durch minimale Lagerbestände.

3. Optimierung der Warenzugangs- und Abgabeorganisation.

4. Es muss häufig mit wenig Personal eine schnelle, stückgenaue Warenabgabe einschließlich Verfalldatenkontrolle, Lieferscheinerstellung und Bereitstellung von Statistikdaten gewährleistet werden.

5. Bei der Warenbestellungs- und Wareneingangsbearbeitung sind aktuelle Informationen über Lieferanten, Lieferantenkonditionen, Bestellmengen usw. nötig,

um eine möglichst optimale und korrekte Bestellung zum richtigen Zeitpunkt anzustoßen.

6. Umfangreiche statistische Auswertungen müssen regelmäßig (wöchentlich, monatlich oder quartalsweise) aber auch kurzfristig und damit immer aktuell bereit gestellt werden.

Das Programm-System WIKA unterstützt dadurch die Krankenhausapotheken bei der Durchführung ihres "Warenmanagements", der Verwaltung von Daten und bietet die Möglichkeit Auswertungen bzgl. der erhobenen Daten vorzunehmen (Vgl. [Ros90]).

3.1.2. Aufbau WIKA.NET

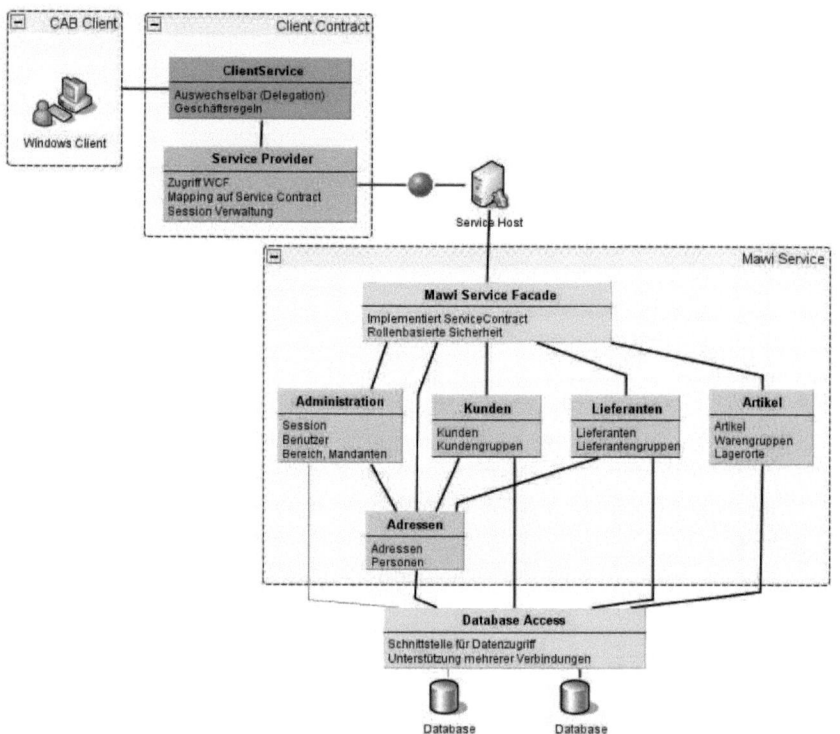

Abbildung 10: Ausschnitt aus der Business Architektur (Vgl [Ert08])

Einen Ausschnitt des Aufbaus der Anwendung WIKA.NET zeigt die Abbildung 10. Es gibt in der vollständigen Dokumentation auch Erweiterungskonzepte wie z.B. die

Integration von verschiedenen Clients wie Windows, ASP.net, Office, RSS, oder den Einsatz von verschiedenen Hosts für Console, Service oder IIS. Auch der Datenbankzugriff soll modular gehalten werden, so dass mehrere Datenbanken per Anmeldung unterstützt werden. Der `Mawi Service` bietet die Schnittstelle um auf alle angebotenen Services, die per Contract definiert wurden, zugreifen zu können. Dargestellt sind in der Abbildung der Service für die Administration, Kunden, Lieferanten, Artikel und Adressen.

3.2. Einsatzmöglichkeiten in der Anwendung WIKA.NET

Wie in der Motivation schon erwähnt, kann AOP für viele Anforderungsumsetzungen eingesetzt werden. Für die vorliegende WIKA.NET Anwendung stehen vier Fälle zur Verfügung :

1. Logging

2. Caching

3. Exception Handling

4. Security

Das Logging wird in den folgenden Kapiteln genauer erläutert, wo hier die zu behebende Problematik besteht.

Das Caching soll bestimmte Daten, die z.B. als Informationsdaten geladen werden in den Cache speichern, damit die Zugriffe auf den Server und die Datenbank minimiert werden können.

Dabei sollen beim Exception Handling z.B. die `try-catch`-Blöcke eliminiert werden, wobei sich aktuell das Problem der `return`-Werte stelle, wie und ob diese umsetzbar sind.

Die Umsetzung für das Thema Security steht etwas im Hintergrund, da dieses schon mit dem Framework durch `PrincipalPermission` abgedeckt ist. Zur Überlegung steht hier die Implementierung eines eigenen Attributes, da die Methoden des Frameworks an Bedingungen gebunden sind und dadurch eine Mehrfachverwendung des Attributes `PrincipalPermission` notwendig ist um alle Rechte zu prüfen.

3.3. Ist-Zustand am Beispiel Logging des Servers

Das Logging ist derzeit so realisiert, dass alle Methoden der implementierten Services vor ihrer Abarbeitung den Logger aufrufen (siehe Listing 1).

Listing 1: Ist Zustand der Methode GetAdresseById

```
1  public ResponseAdresse GetAdresseById(RequestById request)
2  {
3      Log.Debug("GetAdresseById");
4      ResponseAdresse response = new ResponseAdresse();
5      response.Adresse = manager.GetAdresseById(request.Id);
6
7      return response;
8  }
```

Das Listing zeigt dabei die Methode GetAdresseById, in der der Logaufruf stattfindet, bevor das Responseobjekt erzeugt wird. Dabei spielt der Aufruf des Loggens keinerlei Rolle für das Erstellen des Objektes. Somit ist dieser ein Crosscutting Concern, an das der Entwickler bei jeder Methode denken muss. Daraus ergibt sich wiederum, dass dieser auch wissen muss, wie die Konventionen sind, um einen Logeintrag anzulegen. Somit muss er sich mit Umsetzungsfragen beschäftigen, die nichts mit der eigentlichen Methode und deren Kernaufgabe zu tun haben.

Zur Verdeutlichung der Struktur dient die Abbildung 11, die den Logaufruf des Listings im unvollständigen UML-Diagramm zeigt. Dabei hat jede Solution (hier Server und Library dargestellt) mehrere Packages, in denen sich eine bestimmte Anzahl an Unterordnern und Klassen befinden.

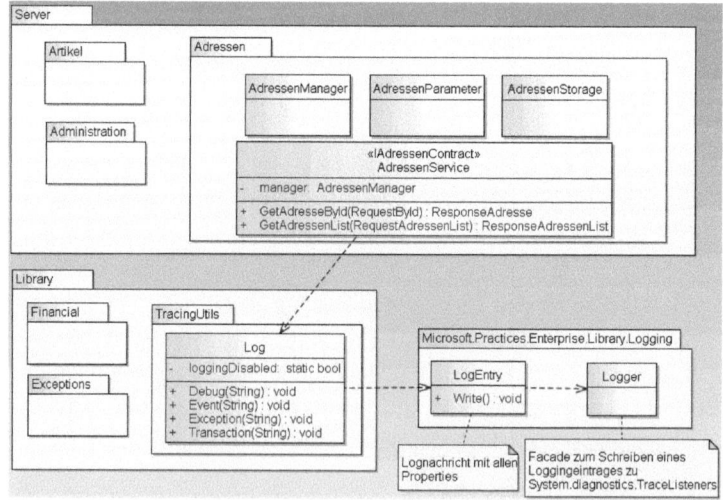

Abbildung 11: Ausschnitt UML Diagramm der Anwendung Systema Business v1.0

3.4. Soll-Zustand am Beispiel Logging des Servers

Das Ziel des Einsatzes von AOP mittels POLICY INJECTION APPLICATION BLOCK ist die Erstellung von Methoden und Klassen mit der Implementierung der Kernfunktionalitäten.

Dabei soll eine zusätzliche Betrachtung anderer Funktionen, wie z.B. Logging, nicht mehr notwendig sein. Die Zusatzfunktionen werden weiterhin integriert, aber an anderer Stelle implementiert, so dass der Entwickler sich auf die Kernfunktionen konzentrieren kann. Somit werden die CROSSCUTTING CONCERNS durch Attribute angewendet.

Listing 2: Soll-Zustand der Methode GetAdresseById

```
1 [Tag("Log")]
2 public ResponseAdresse GetAdresseById(RequestById request)
3 {
4     ResponseAdresse response = new ResponseAdresse();
5     response.Adresse = manager.GetAdresseById(request.Id);
6
7     return response;
8 }
```

Das Listing 2 zeigt die Zieldefinition, in der das Logging in den Programmcode übernommen wird, ohne konkretisiert zu werden. D.h. das Logging wird integriert, obwohl der Programmierer keinen Gedanken daran investiert hat, was nun geloggt wird, wo und wohin. Alle diese Informationen werden bei der Handlerdefinition für das entsprechende Attribut festgelegt. Die Funktionalität für das Logging wird jetzt von den Handlern übernommen. Diese werden separat implementiert und bilden somit eine zentrale Einheit. Um diese Umsetzung zu realisieren, muss der Klasse mitgeteilt werden, dass in ihr Attribute angewendet werden. Dieses geschieht über die Einbindung von using Microsoft.Practices.EnterpriseLibrary.PolicyInjection.

3.5. Vorgehensweise der Realisierung

3.5.1. Ermitteln des Integrationspunkts für App.config

Durch den Einsatz von WCF in der Anwendung, bedarf es einer genauen Analyse, wo was aufgerufen und erzeugt bzw. zurückgegeben wird. Damit ergibt sich die Lösung: die Konfiguration in die Serverkonsole zu integrieren. Auf dieser wird, durch die Architektur gezeigt, bei jedem Aufruf der Anwendung zugegriffen.

3.5.2. Bestimmung der Matching Rules

Es ist zu klären, welche Zugriffsmöglichkeiten AOP auf die entsprechenden Methoden anbietet. Da es sich im Beispiel des Loggings auf den Server bezieht, besteht hier die

Möglichkeit den gesamten Namespace des Servers als MATCHING RULE aufzunehmen. Weiterhin kann auch nur das Tag Attribute `"LogDebug"` als Regel aufgenommen werden.

Im Einsatz unterscheiden sich die beiden Methoden nur in der Definition der Matching Rule. Alle weiteren Vorgänge werden gleich realisiert.

Für die Verdeutlichung von AOP wird die zweite Variante favorisiert.

Eine zweiter Grund, der für den äquivalenten Umbau der Anwendung sorgt, liegt in der bisherigen Implementierung der Serviceklassen.

Es existieren Klassen, wie z.B. `SessionService.cs`, die im selben Namespace liegen wie alle anderen zu loggenden Serverservices, aber diese ist neben der Ableitung von ihrem SERVICECONTRACT noch von `ISessionServiceSupport` abgeleitet und implementiert somit deren Member. Diese werden aktuell nicht geloggt.

Da die Namespace-Variante keine Änderung am Code verlangt, d.h. der Einsatz von AOP wäre am Code nicht ersichtlich, fällt die Entscheidung für die Anwendung von Tagattributen.

Durch die Nichtbeachtung, dass die Membervariablen einer zweiten abgeleiteten Klasse mitgeloggt werden, kann das Attribut somit für die gesamte Klasse gesetzt werden. Damit werden Codezeilen erspart. Es besteht auch weiterhin die Möglichkeit das Attribut nur bestimmten Methoden zuzuweisen. Diese Entscheidung trifft der Entwickler individuell.

Beim Namespace wiederum würden einfach alle vorhandenen Methoden mit dem Aspekt versehen, ohne Berücksichtigung, ob es notwendig ist oder nicht.

3.5.3. Instanziierung der Zielklasse

Das Listing 3 zeigt die Instanziierung der Zielklasse, so dass AOP für alle erzeugten Services eingesetzt wird.

Die Schwierigkeit bei diesem Fall ist, dass durch die WCF Anwendung die Services nicht erzeugt, sondern nur zurückgegeben werden.

Für die AOP Integration wird im Allgemeinen die Erzeugung der Klassen benötigt. Es besteht aber auch die Möglichkeit mit der Methode `Wrap` Proxy Objekte zu erhalten und mit diesen zu arbeiten. Diese Methode fügt die Richtlinien (POLICY) zum existierenden Objekt hinzu. Dadurch werden die definierten Handler und Attribute für alle implementierten Services eingesetzt.

Listing 3: Wrappen der Klasse

```
1  /// <summary>
2  /// Laden eines definierten Services
3  /// </summary>
4  /// <typeparam name="T">Service Schnittstelle</typeparam>
5  /// <returns>Instanz des Service</returns>
6  public static T Load<T>()
7  {
8      lock (instance)
9      {
10         Service service = instance.GetServiceByName(typeof(T).Name);
11         // Log.Debug("Load: " + service.ServiceClass);
12         return PolicyInjection.Wrap<T>(instance.Load<T>(service.Assembly, service.
               ServiceClass));
13     }
14 }
```

Dabei zeigt sich schon die erste Problematik, die sich beim Umbau bestehender Logsysteme eintreten können: Bei dieser Methode, die erst die Grundlage für AOP bildet, soll schon ein Logeintrag vorgenommen werden. Dabei soll diesem aber eine interne Methodenvariable übergeben werden, die in der Log-Ausschrift beachtet werden soll. Dieses ist nicht so einfach umsetzbar, wie gedacht (siehe Abschnitt 3.5.6).

3.5.4. Implementierung des Custom Handlers

Für diese Anwendung muss ein separater Handler geschrieben werden, da die Logeinträge konfigurierbar gehalten werden.
Zur Erstellung eines solchen Handlers ruft das POLICY INJECTION FRAMEWORK die `Invoke` Methode mit `IMethodInvocation` als Eingangsparameter auf. Dieser Parameter enthält die `MethodBase` der originalen Methode, sowie die Referenzierung zu der Collection der Eingangsparameter.

Listing 4: Implementierung LogDebugHandler.cs

```
1  [ConfigurationElementType(typeof(CustomCallHandlerData))]
2  public class LogDebugHandler : ICallHandler
3  {
4      public LogDebugHandler(NameValueCollection configValues){}
5      IMethodReturn Invoke(IMethodInvocation input, GetNextHandlerDelegate getNext)
6      {
7          // Log the message before calling the next call handler
8          LogEntry entry = new LogEntry();
9          // entry.Property = ...; --> Set the property values
10         Logger.Write(entry);
11         // Call the next call handler
12         IMethodReturn result = getNext()(input, getNext);
13         // Post-processing of the message f.e. log the results
14         // Possible: Check the result for an exception
15
16         return result;
17     }
18 }
```

Da der Call Handler jetzt definiert ist (siehe Listing 21), fehlt nur noch die Konfiguration des Handlers in der entsprechenden Konfigurationsdatei.

Die vollständige Implementierung des Handlers ist im Listing im Anhang G.

3.5.5. Einrichtung der Konfigurationsdatei

Die Konfigurationsdatei `App.config` kann im ENTERPRISE LIBRARY CONFIGURATION TOOL oder manuell im Editor mit der entsprechenden XML-Syntax erstellt werden. Bei Neuerstellung einer Anwendung muss zuerst eine Anwendungsdatei erzeugt werden, wenn diese noch nicht vorhanden ist. Nachdem diese angelegt ist, kann dieser ein `Policy Injection Application Block` hinzugefügt werden. In diesem Block befinden sich zwei Knoten: "Policies" und "Injectors". Zur Erstellung einer Policy wird unter dem Knoten "Policies" ein neuer Eintrag angelegt. Dieser hat wiederum zwei Knoten: "Matching Rules" und "Handlers". Diese Unterpunkte müssen für diese Anwendung mit folgenden Definitionen belegt werden:

- Matching Rules
  Name: Tag Attribute Matching Rule
  Match: LogDebug

- Handlers
  Name: Custom Handler
  Attributes: keine
  Type: Systema.Library.TracingUtils.LogDebugHandler
  (Bemerkung: den vorher definierten Handler integrieren über `Load Assemblies`)

Da diese Anwendung eine Loganwendung darstellt, muss zusätzlich noch ein LOGGING APPLICATION BLOCK hinzugefügt werden. Dieser Block ist nach folgender Struktur aufgebaut (Abbildung 12). Die Klasse `LogEntry` ist die Basisklasse für die Informationen des Loggers. Dabei können bestimmte Properties bereits durch den LOGGING APPLICATION BLOCK automatisch gesetzt werden wie z.B. die `processID` oder `processName`. Andere Properties können wiederum durch die Anwendung gesetzt werden wie z.B. `message`, `title` oder `priority`.

Für die vorliegende Anwendung werden folgende Knoten definiert:

- Category Sources
  - Debug: Custom Console Trace Listener
  - Event: Formatted EventLog TraceListener
  - General: Formatted EventLog TraceListener

- Trace Listeners

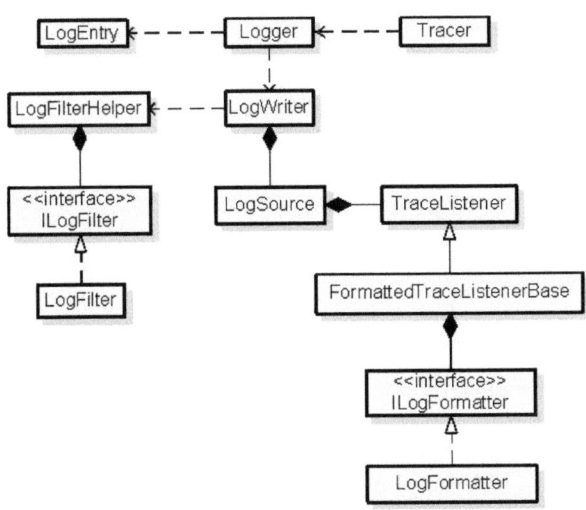

Abbildung 12: Struktur des Logging Application Blocks (Vgl. [New07] S.260ff)

- Custom Console Trace Listener
  Formatter: Short Text Formatter
  Type: Systema.Library.TracingUtils.CustomConsoleListener
- Formatted EventLog TraceListener
  Formatter: Short Text Formatter
  Log: Application
  Source: Enterprise Library Logging

- Formatters
  Short Text Formatter: Template: `timestamp : [category] message`

Die Implementierung des `Custom Console Trace Listeners` zeigt Anhang H und die vollständige `App.config` der Anwendung befindet sich im Anhang F.

3.5.6. Problem: Übernahme von Variablen aus der Anwendung

Ein Problem, welches während der Umstellung aufgetreten ist, ist die Übernahme von Variablen in einen Logeintrag, siehe Listing 5.

AOP bietet die Möglichkeit mitgegebene Methodenparameter und deren Rückgabe-werte auszulesen. Dieses ist in dieser Konstruktorinitialisierung nicht der Fall. Das Problem, das sich hier stellt, ist die Implementierung einer Methode, die z.B. diesen Wert als Rückgabewert dem Konstruktor zurückgibt, die damit abgefangen werden kann.

Diese Idee ist aber durch die WCF Architektur nicht die einfachste bzgl. der Umsetzung, da diese Methode an die Kommunikation angebunden werden muss, also vom `ServiceContract` angeboten werden muss. Somit müsste hier eine Codeumstellung stattfinden.

Listing 5: Variablenübernahme in Logdatei

```
1  /// <summary>
2  /// Initialisierung
3  /// </summary>
4  /// <remarks>
5  /// Ein Client stellt eine Verbindung her, da mit Sessions gearbeitet wird
6  /// erhält jede Session eine Instanz dieser Klasse und eine eigene SessionId
7  /// Wenn ein Client zwei Verbindungen herstellt bekommt er auch zwei Instanzen
8  /// der Klasse, kann jedoch diese zu einer logischen Session zusammenführen
9  /// </remarks>
10 public MawiService()
11 {
12     serviceGuid = OperationContext.Current.SessionId;
13     Log.Debug(String.Format("Service {0} started", serviceGuid));
14 }
```

4. Analyse Aspektorientierter Frameworks

4.1. Überblick Frameworks

Zur Vorbetrachtung der Kriterien wurden folgende Grundvoraussetzungen für den Einsatz im Projekt festgelegt:

- Ein Sprachpaket muss in englisch oder deutsch verfügbar sein

- Lizenz ist frei verfügbar für den Einsatz in kommerziellen Produkten oder fällt unter die bisher genutzten Lizenzen des Projektes

- Verfügbarkeit einer aktuellen Version (innerhalb eines Zeitrahmens von eineinhalb Jahren optimal) des Produktes

- Entwicklerteam des Produktes muss eine gewisse Größe wegen Ausfallsicherheit der Entwickler haben und um auftretende Problem zu beheben

Da es kaum möglich ist alle aspektorientierten Frameworks aufzulisten, folgt eine unvollständige Liste von Frameworks, die die aspektorientierte Programmierung unter .NET unterstützen und eine Kurzanalyse derer Einsatzfähigkeit.

- Aspect# - Ist derzeit im Beta-Status an dem vier Entwickler sitzen. Lizenziert unter der Apache Licence Version 2.0 seit April 2004. Die letzten Patches liegen vier Jahre zurück. Daraus ergibt sich eine Vitalität von 0% und erfüllt damit nicht das Verfügbarkeitskriterium für den Einsatz im Projekt.

- AspectDNG - Unterliegt der BSD Licence. Der aktuelle Status dieses Frameworks ist UNDER CONSTRUCTION, d.h. es ist noch in der Implementationsphase und wird öffentlich getestet. Damit erfüllt es nicht die Voraussetzung.

- DotSpect - Unterliegt der BSD Licence. Bietet keine Unterstützung für Microsoft Visual Studio 8 unter dem das derzeitige Projekt entwickelt wird. Weiterhin befindet sich diese Einsatzmöglichkeit im Status UNDER CONSTRUCTION und ist somit nicht einsatzfähig.

- Loom.Net - Existiert seit April 2004. Bei kommerziellem Einsatz müssen Entwickler kontaktiert werden. Damit entfällt dieses Framework ebenfalls für eine genauere Betrachtung.

- NAop - Unterliegt der GNU Library oder LGPL. Befindet sich derzeit im Planungsstatus und hat seit fünf Jahren keinen Patch veröffentlicht. Somit ist die Aktualität nicht gegeben und das Framework nicht einsatzfähig.

- PIAB - Erfüllt alle Grundvoraussetzungen

- PostSharp - Erfüllt alle Grundvoraussetzungen

- Spring.Net - Erfüllt alle Grundvoraussetzungen

Nach dieser Kurzanalyse kommen die Frameworks PostSharp, PIAB und Spring.Net für den Einsatz in Frage. Im Folgenden werden deren Technologien kurz eingeordnet und vorgestellt.

Aspektorientierte Frameworks können nach ihrem Einsatz während der Lauf- bzw. Kompilierzeit unterteilt werden.

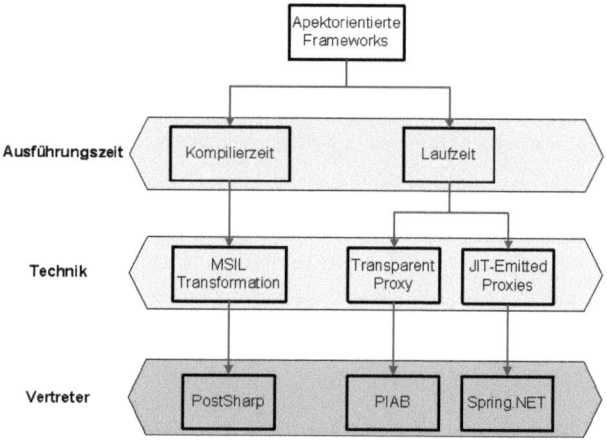

Abbildung 13: Einordnung Frameworks vgl. [Nes09]

Die Abbildung 13 zeigt die Einordnung der Frameworks, die für diese Arbeit in Betracht gezogen werden können.

In den folgenden Kapiteln wird näher auf den Einsatz von PIAB, Unity und das Framework PostSharp eingegangen. Das Framework Spring.Net wird nur kurz angesprochen, da die Funktionsweise ähnlich dem Prinzip von PIAB und Unity ist.

4.2. Policy Injection Application Block (PIAB)

4.2.1. Allgemeines zu PIAB

Policy Injection Application Block (PIAB) wurde in der ENTERPRISE LIBRARY 3.0 neu eingeführt.

AOP findet hierbei Unterstützung durch den Einsatz von konfigurierbaren Policies (Richtlinien). Dabei wird unter AOP das automatische Erstellen von Proxies und Handler verstanden.

Somit liegt bei PIAB keine AOP Framework Implementation vor. Es werden Unterbrechungen genutzt, um pre- und post-processing Handler einzuschalten. Dabei wird kein neuer Code in die bereits bestehenden Methoden eingebracht. Zu beachten ist aber, dass bei Klassenkonstruktoren die Unterbrechung nicht unterstützt wird.

PIAB arbeitet nach der Factory Methode, d.h. es wird für jede konfigurierbare Klasse, die durch eine Zieldefinition oder direkte Attribute ausgewählt werden kann, ein Proxy erstellt. Die Methode hängt sich an die Handler Pipeline zum Proxy und verbindet diese mit der Methode und den Eigenschaften der neuen Instanz des Zielobjektes. Falls keine Policy für das Objekt vorhanden ist, kann nur das Objekt selbst, aber kein Proxy, zurückgegeben werden. Dieses Vorgehen ist in Abbildung 14 dargestellt.

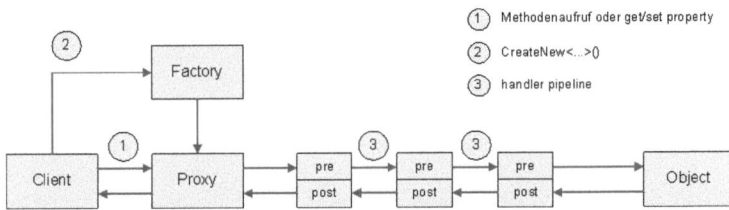

Abbildung 14: PIAB Implementation der handler pipeline (Vgl. [Hol07], [Cor08a])

Die Ziele des Blockes sind

- Policies während der Laufzeit für Instanzen anzulegen, welche auf konfigurierbaren Policies beruhen, die ohne Codeänderung manipuliert werden können, sowie

- benutzerdefinierte Handler zu bilden und entsprechende Regeln für die Anwendung und Erstellung der Policies.

Die Vorgehensweise für die Anwendung von PIAB ist folgende:

- Objektidentifizierung, welches Objekt abgefangen werden soll und Überprüfung ob dieses abfangbar ist.
  Ein solches Objekt muss eine der folgenden Bedingungen erfüllen: die Klasse muss von `MarshalByRefObject` abgeleitet sein oder die Klasse ein bekanntes Interface implementieren.

- PIAB muss zu den anwendungsspezifischen Konfigurationsdateien durch Benutzung der ENTERPRISE LIBRARY TOOLS hinzugefügt werden.

- Eine Policy muss für die Anwendung angelegt werden.

- Innerhalb der Policy müssen entsprechende Regeln festgelegt werden. Einige sind bei der Lieferung des Blocks schon integriert wie z.B. bezogen auf ein Assembly, Member u.v.m. Dabei können eigene Regeln hinzugefügt werden.

- Der oder die Handler müssen spezifiziert werden. Ihnen muss gesagt werden, in welchen Fällen sie ausgeführt werden sollen (je nach Definition). Es gibt bereits standardisierte Handler, die zur Verfügung stehen wie z.B. authorization handler und logging handler. Auch hier besteht die Möglichkeit selbst Handler zu definieren.

- Erzeugen oder Wrappen der Zielinstanz unter Nutzung der Methoden, die PIAB zur Verfügung stellt, um eine Handler Pipeline hinzuzufügen.

4.2.2. Transparent Proxy

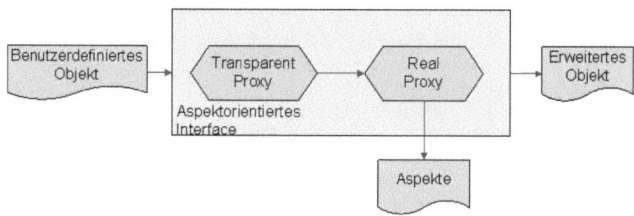

Abbildung 15: Einsatz Transparente Proxies zur Laufzeit

Die Vertreter für die Nutzung transparenter Proxies sind PIAB und Unity, deren grobe Vorgehensweise in Abbildung 15 dargestellt ist.

Transparente Proxies sind leicht verwechselbar mit funktionalen Objekten, da sie deren nicht sichtbare Stellvertreter sind. Sie leiten alle Aufrufe an die Instanz der Realen Proxy-Klasse weiter. Diese Klasse entscheidet, wie die Aufrufe den funktionalen Code beeinflussen. Dadurch wird der funktionale Code frei von Aspekten, die nur noch bei der Objekterzeugung durch die Factory Methode auftritt. Der Aufrufort hat damit keinen Einblick was passiert, also dass die Methodenaufrufe durch den Proxy abgefangen und umwebt werden. (Vgl. [Inc08])

Jeder Handler und jede Pipeline sind unabhängig vom Objekt und somit wiederverwendbar. Die CROSSCUTTING CONCERNS, die regelmäßig in der Anwendung anfallen, werden an entsprechend andere Application Blocks weitergeleitet wie z.B. bei Validierung, Logging oder Exception Handling.

4.2.3. Handlerarten

Handler werden über Attribute oder INTERCEPTION TARGET CLASSES definiert, deren die Definition fast selbsterklärend ist. Dabei wird über eine Methode oder Property das entsprechende Tag gesetzt, wodurch das gewünschte Verhalten über die Handler konfiguriert werden.

Eine Beispielanwendung ist das Ersetzen eines `try-catch` Blockes in der Anwendung (siehe Listing 6) für das Exceptionhandling.

Listing 6: Attribut.cs (Vgl. [Cor08a] Seite 394)

```
1  [ExceptionCallHandler("MyException")]
2  public void AddTwoNumbers(int first, int second)
3  {
4      Console.WriteLine("{0} + {1} = {2}", first, second, first + second);
5  }
```

Dadurch wird die Methode stark vereinfacht und der Entwickler kann sich hauptsächlich auf die Funktionalität der Klasse konzentrieren, anstelle der CROSSCUTTING CONCERNS, wie noch in Listing 7.

Listing 7: trycatch.cs (Vgl. [Cor08a] Seite 392)

```
1  public void SubtractTwoNumbers(int first, int second)
2  {
3      Console.WriteLine("{0} - {1} = {2}", first, second, first - second);
4      try
5      {
6          Console.WriteLine("{0} + {1} = {2}", first, second, first + second);
7      }
8      catch (Exception ex)
9      {
10         if (ExceptionPolicy.HandleException(ex, "MyException"))
11             throw;
12     }
13 }
```

Der Einsatz über Tags scheint somit einfach und plausibel zu sein, dennoch birgt dieser Nachteile: z.B. bei Änderung des Namens der Exception. Bei dieser Anwendung muss im Programmcode bei allen Methoden der Name geändert werden. So konzentriert sich die Änderung nicht nur auf eine Stelle, sondern der gesamte Code muss durchsucht werden, damit alle Änderungen vorgenommen werden können.

Eine zweite Möglichkeit Handler zu definieren wird durch INTERCEPTING TARGET CLASSES gegeben. Dabei werden die Klassenmember mit den Richtlinien verbunden. Diese Verbindung kann nur bei benannten Policies vorgenommen werden, welche Matching Rules und Handler enthält. Es werden folgende Matching Rules unterstützt (Vgl. [Cor08a] Seite 395):

- Assembly - basiert auf dem Namen der Assembly

- Custom attribute - basieren auf dem Attributtyp der Handler

- Member name - basiert auf dem Namen des Members

- Method signature - Methoden basierend auf ihrem Namen und der Methodensignatur

- Namespace - basierend auf dem Namespace der Klasse

- Parameter type - Member basierend auf dem Typ des Members

- Property - basierend auf dem Namen des Properties

- Return type - bezogen auf den Rückgabetyp des Members

- Tag attribute - basierend auf dem Namen eines Attributes des Typs `Tag`

- Type - bezüglich des Typs (Namespace oder Klassenname)

Handler werten das Ergebnis des Methodenaufrufes oder des Rückgabewertes aus, um darauf zu reagieren, d.h. sie können diese beispielsweise manipulieren. Der normale Ablauf für Handler ist folgender:

1. PREPROCESSING (Vorverarbeitung)

2. Aufruf des nächsten Handlers

3. Warten auf den `return call`

4. POSTPROCESSING (Nachbearbeitung)

5. Rückgabe der Steuerung an den vorangegangenen Handler

Dadurch kann jeder Handler selber entscheiden, ob er den nächsten Handler in der Pipeline aufruft oder nicht. Der Nutzer der Anwendung erkennt diese Aufrufkette nicht, da dieser davon ausgeht, dass z.B. das Zielobjekt selbst die Exception wirft, obwohl diese niemals aufgerufen wurde, da bereits die Erfüllung der Policy scheitert.

Es gibt verschiedene vorgefertigte Handler, die sofort einsatzfähig sind (Vgl. [Cor08a] Seite 397):

`ValidationCallHandler` überprüft Validierungsregeln bezüglich der Methodensignatur oder der mitgeführten Parameter.

`LogCallHandler` ruft den Logging Application Block, der vor oder nach dem Methodenaufruf stattfindet, oder beide. Dabei werden z.B. die Parameter und die Ausführungszeit mitgeloggt.

`ExceptionCallHandler` reagiert nur auf geworfene Exceptions und leitet diese an den Exception Handling Block unter Nutzung der entsprechenden Policies weiter. Dabei wird die Ergebnisexception an den Nutzer zurückgegeben.

`AuthorizationCallHandler` überprüft die Ausführungsrechte des aktuellen Nutzers.

`CachingCallHandler` cacht die Methoden mit ihren entsprechenden Werten. Bei Aufruf findet Weiterleitung an den Caching Application Block statt, in dem nachgesehen wird, ob die Methode mit den entsprechenden Werten bereits verfügbar ist. Falls nicht, dann wird diese neu aufgerufen und anschließend mit den Rückgabewerten im Cache gespeichert.

4.2.4. Konfiguration von PIAB

Der Einsatz von PIAB erfordert in jedem Fall eine Konfigurationsdatei, in der alle einzusetzenden Blocks konfiguriert werden.
Ein Beispielaufbau ist in Abbildung 16 dargestellt.

Abbildung 16: Beispielkonfiguration PIAB

Dabei besteht jede Policy aus einer Collection von MATCHING RULES und Handler.

MATCHING RULES sind Aussagen, die Typen und Member definieren, welche über eine Policy (Richtlinie) abgefangen werden sollen. Wenn mehrere Regeln definiert werden, dann müssen entsprechend alle zutreffen, bevor die Policy greift. Wenn allerdings mehrere Policies gleichzeitig zugreifen, dann werden auch alle der Reihenfolge nach ausgeführt.

Neben der Benutzung von Konfigurationsdateien werden Handler auch durch PIAB unterstützte Attribute angewendet, die sicher stellen, dass der Handler unter allen Umständen ausgeführt wird.

4.3. Unity Application Block

4.3.1. Allgemeines zu Unity

Die aktuelle Version von Unity ist derzeit die 1.2, die als Stand Alone genutzt werden kann oder integriert in die ENTERPRISE LIBRARY 4.1. Dieses Upgrade der Library würde für die zu optimierenden SOA Anwendung möglich sein, da bisher die Version 3.1 eingesetzt wird. Diese Library unterstützt die aspektorientierte Softwareentwicklung, indem sie Application Blocks zur Verfügung stellt, welche bestimmte Probleme zwischen verschiedenen Schichten einer Anwendung lösen.

Dieser Application Block, kurz Unity im folgenden, ist ein erweiterbarer DEPENDENCY INJECTION CONTAINER, der Injections für Konstruktoren, Eigenschaften und Methodenaufrufe unterstützt. Durch den Einsatz von Unity stehen dem Entwickler einige Werkzeuge zur Verfügung, die Unterstützung bieten bei:

- der vereinfachten Objekterstellung, speziell für hierarchische Objektstrukturen und Abhängigkeiten, wodurch vereinfachter Anwendungscode entsteht

- Abstraktion von Requirements wodurch Entwickler spezifische Abhängigkeiten zur Laufzeit oder durch Konfigurationen bestimmen können

- Komponentenkonfiguration wird im Container vorgenommen, dadurch erhöht sich die Flexibilität

Dabei haben die Entwickler die Kernfunktionalitäten von PIAB in diesen Block implementiert. Somit können diese auch ohne den Einsatz von ENTERPRISE LIBRARY genutzt werden. Diese enthalten aber nicht die von PIAB unterstützten Handler. Somit werden eigene Abfangklassen geschrieben. Dadurch ist der Einsatz von Unity nur in Verbindung von PIAB wirklich sinnvoll und somit auch die ENTERPRISE LIBRARY, da so alle Vorteile von PIAB erhalten bleiben. Dieses wird garantiert, indem PIAB als Wrapper um Unity verwendet wird.

Der Unity Application Block lässt sich bei den folgenden Situationen sehr gut anwenden (Vgl. [Cor08b]):

- Vorliegenden Abhängigkeiten zwischen Objekten

- Komplexen Abhängigkeiten, die abstrahiert werden müssen

- Änderung der Abhängigkeiten zur Laufzeit

- Einsatz von Injections bei Konstruktoren, Eigenschaften und Methodenaufrufe

Unity sollte keinen Einsatz finden, wenn zwischen den Objekten und Klassen keine Abhängigkeiten bestehen oder diese nur einer einfachen Abhängigkeit unterliegen und dadurch keine Abstraktion notwendig ist.

4.3.2. Dependency Injection

Was verbirgt sich hinter dem Begriff DEPENDENCY INJECTION (DI)? Es ist eine Technik um leicht gekoppelte Systeme bzw. Anwendungen herzustellen. DI ist ein Entwurfsmuster und dient zur Minimierung der Abhängigkeiten zwischen Komponenten und Objekten. Dabei ist es eine Verallgemeinerung der Fabrikmethode. (Vgl. [Fow04])

Weiterhin findet das Prinzip der INVERSION OF CONTROL (IoC) Anwendung mit Bezug auf die Erzeugung und Initialisierung von Objekten. IoC ist ein generisches Muster, welches Techniken für die Unterstützung einer Plug-In Architektur beschreibt, in der Objekte ermitteln können, welche Instanzen von Objekten, die sie selbst benötigen, erzeugt wurden. (Vgl. [Fow04])

Die DI ist ein Spezialfall der IoC, die für die INTERFACE PROGRAMMING Technik verantwortlich ist, basierend auf den Änderungen von Klassenverhalten und ohne Einflussnahme auf die Klasseninterna.

DI besitzt somit die Möglichkeit den Code zu vereinfachen, abstrakte Abhängigkeiten zwischen Objekten herzustellen und generiert automatisch abhängige Objektinstanzen. Dabei hat es geringen Einfluss auf die Performance, erhöht aber die Komplexität bei einfachen Abhängigkeiten.

Der Nachteil von Unity besteht darin, dass bei Nichterfüllung einer Constructor Dependency einfach `null` zurückgegeben wird.

4.3.3. Einsatz Unity Application Block

Für die Nutzung von AOP mit Unity und PIAB werden die Instanzen, die vom Unity Container zurückgegeben werden, über einen Wrapper angesprochen. Diese Vorgehensweise ist im Listing 8 verdeutlicht.

Listing 8: AOPwithUnity.cs (vgl. [Pre09])

```
1 IAdresse adresse = container.Resolve<IAdresse>("Testweg 1");
2 IAdresse wrapped = Microsoft.Practices.EnterpriseLibrary.PolicyInjection.PolicyInjection
    .Wrap<IAdresse>(adresse);
3 Console.WriteLine(wrapped.DoAnotherThing("Adresse: ", 6));
4 Console.WriteLine(wrapped.DoSomething(2));
```

Dabei ist zu sehen, wie die Wrap Funktion ein Objekt `wrapped` zurückgibt, welches dasselbe Interface wie das Originalobjekt `adresse` implementiert. Ein Unterschied besteht dennoch: der konkrete Typ ist jetzt ein transparenter Proxy der eine Art DECORATOR PATTERN implementiert. Der Wrapper kann somit Verhalten in Klassen hinzufügen oder ändern ohne das Original zu manipulieren.

Das DECORATOR PATTERN (Dekorierer) ist ein Entwurfsmuster, welches zu den Strukturmustern zählt. Es stellt eine Alternative zur Unterklassenbildung dar, in der Klassen um Funktionalitäten erweitert werden können.

Das Vorgehen ist dabei folgendes: Die Instanz eines DECORATOR wird vor die zu dekorierende Klasse geschaltet. Dabei hat diese Instanz die gleiche Schnittstelle wie die Klasse. Aufrufe an den DECORATOR werden anschließend verändert oder unverändert weitergeleitet (Delegation), oder sie werden vollständig anders verarbeitet. Der DECORATOR ist dabei für den Aufrufenden nicht sichtbar, da dieser nicht mitbekommt, dass dieser vorgeschaltet ist.

Jetzt stellt sich die Frage, welcher Application Block für AOP eingesetzt wird. Da gibt es ein einfaches Kriterium: Werden neben AOP noch Dependency Injections benötigt, sollte Unity eingesetzt werden, sonst PIAB.

4.3.4. Interception mit Unity

Eine Erweiterung für Unity, zur Unterstützung von AOP, ist die `Unity Interception Extension`, die einen Teil des AOPs abdeckt.

Der Mechanismus basiert auf drei Grundkonzepten: Matching Rules, Call Handler und Interceptors. Matching Rules und Call Handler bilden zusammen die Interception Policy (Abfangrichtlinien). Die Matching Rules dienen zur Definition der abzufangenden Methoden und die Call Handler zur Festlegung wie die abgefangenen Objekte zu bearbeiten sind (Vgl. [Inc08]).

Die Richtlinien bestimmen was mit den abzufangenden Methoden passiert und Interceptors wie die Methoden abzufangen sind. Unity Interceptors haben, bei Konfiguration innerhalb eines Containers, zwei Einsatzgebiete. Der eine Einsatz ist das Abfangen von Methodenaufrufe und der zweite das Binden von Call Handler an die abzufangenden Methode. Weiterhin bestimmen die Richtlinien in welcher Reihenfolgen die Call Handler in der Interception Pipeline, für jede Methode, angewendet werden.
Die Richtlinien und Interceptoreinstellungen können in der entsprechenden Konfiguration spezifiziert werden. Dadurch kann das Verhalten der Anwendung ohne Neukompilierung und Codeänderung gesteuert werden.
Allgemein werden zwei Interceptortypen unterschieden (Vgl. [PP08]):

- INSTANCE INTERCEPTORS - Interception für Instanzen und

- TYPE INTERCEPTORS - Interceptors für Typen

Interception für Instanzen und Typen.

Instance Interceptors (`TransparentProxyInterceptor` oder `InterfaceInterceptor`) benutzen ein separates Proxy-Objekt zwischen dem Code und dem Zielobjekt, so dass beim Objektaufruf der Proxy gerufen wird anstelle des realen Objektes. Der Proxy ruft die verschiedenen Call Handler und letztlich das Zielobjekt auf.

Diese Typen werden in so fern unterschieden, dass `TransparentProxyInterceptor` eingesetzt wird, wenn ein `MarshalByRefObject` oder nur eine Methode des Interfaces abgefangen werden soll. `InterfaceInterceptor` werden eingesetzt, wenn das Mapping des Interfaces aufgehoben werden soll.

Type Interceptors (`VirtualMethodeInterceptor`) erstellen einen neuen Typ, der vom Zieltyp abgeleitet wird. Dieser kann dann instantiiert werden anstelle des Originalen. Somit können alle virtuellen Methoden überschrieben werden und es gibt insgesamt nur ein einziges Objekt, nicht zwei wie beim Einsatz von Instance Interceptors.

4.4. PostSharp

4.4.1. Allgemeines zum Framework

PostSharp von Gael Fraiteur ist aktuell in der Version 1.5 verfügbar. Es existiert seit September 2004. Die Entwickler benötigten ungefähr zwei Jahre Entwicklungszeit für die Plattform POSTSHARP CORE und ein weiteres Jahr für das aspektorientierte Framework POSTSHARP LAOS (LIGHTWEIGHT ASPECT-ORIENTED SYSTEM).

Dieses Framework ist Open Source, geschrieben in C# und unterstützt Visual Studio in den Versionen 2005, sowie 2008 und ist kostenfrei. Die Entwicklung von PostSharp wird unterstützt von CODING GLOVE unter einer kommerziellen/GPL-LGPL (GPL steht für GENERAL PURPOSE LANGUAGES) dualen Lizenz.
In der FAQ der `postsharp.org` wurde diese Teilung klar vorgenommen. Somit kann das Framework frei für das Erstellen von kommerzieller Software genutzt werden, solange die Bibliothek `PostSharp.Core.dll` nicht eingesetzt wird.
Meist benötigt die Software allerdings nur die Bibliotheken `PostSharp.Public.dll` und `PostSharp.Laos.dll`, welche alle notwendigen Funktionalitäten zur Verfügung stellt.
Bei Auslieferung solch erstellter Software ist es wissenswert, dass das Framework POSTSHARP LAOS nicht auf den Anwender-Maschinen verfügbar sein muss.

4.4.2. PostSharp Laos

In dieser Diplomarbeit wird das Framework zur Implementierung von AOP genauer betrachtet.

Ziel dabei ist die nachträgliche und separate Implementierung von Aspekten in Applikationen. Dabei werden die Aspekte mittels Attribute z.B. an entsprechende Methoden und Eigenschaften eingefügt.

Das PostSharp Framework benutzt einen Post-Compiler, welcher die entstandenen Assemblies nachträglich modifiziert. Die Arbeitsweise des Compilers zeigt die Abbildung 17.
In dieser Abbildung ist der prinzipielle Ablauf des Einsatzes von kompilierzeitfähigen

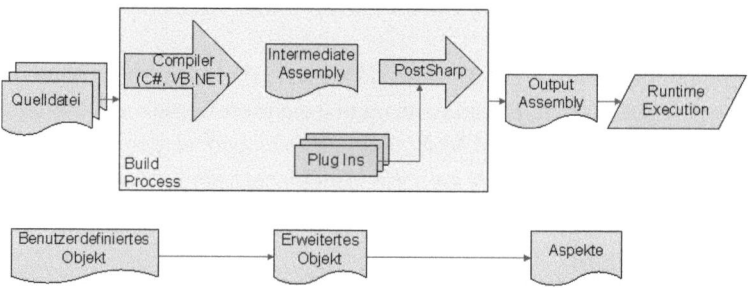

Abbildung 17: Einsatz MSIL Transformation zur Kompilierzeit (Vgl. [Men09])

Frameworks dargestellt. Dabei wird der Quellcode durch einen Compiler wie z.B. C# in einen Zwischencode (MSIL) übersetzt, der die Basis für den PostSharp-Kompiler bildet. Dieser erzeugt daraus ein Zielassembly, welches anschließend zur Laufzeit ausgeführt werden kann. Der PostSharp-Kompiler wird automatisch nach der Zwischencodeerstellung gestartet, so dass dieser Schritt nicht manuell ausgeführt wird. Der Entwickler erhält diese Informationen über die Zwischenschritte in der Ausgabekonsole des Debuggers bzw. des Kompilierprozesses. Der Zwischencode kann als erweitertes Objekt angesehen werden, da dieser zusätzliche Informationen für den nächsten Kompilierschritt enthält. Der anschließende Vorgang fügt die Aspekte hinzu.

MICROSOFT INTERMEDIATE LANGUAGE (MSIL) ist eine allgemeine Sprache für alle .NET Compiler, durch die eine unabhängige Programmiersprache möglich ist. Weiterhin liefert diese Sprache die Unterstützung für komplexe Datentypen und Objekte wie Vererbung und Polymorphie. Bevor MSIL ausgeführt werden kann, muss sie in der COMMON LANGUAGE RUNTIME (CLR) in systemeigenen Code kompiliert werden. Das .NET Framework bietet zwei Möglichkeiten zum Ausführen dieser Konvertierung: einen .NET Framework-Just-In-Time (JIT)-Compiler und den .NET Framework Native Image Generator (Ngen.exe) (Vgl. [Sch09]).

Das vorgestellte Prinzip (Arbeitsweise von PostSharp) hat den Nachteil, dass die Kompilierzeit sich erhöht, da der zusätzliche Kompilierungsvorgang hinzukommt. Ein weiterer Nachteil ist die Neukompilierung nachdem Konfigurationen geändert wurden, da der Post-Compiler diese sonst nicht integrieren kann. Somit muss nach jeder Änderung eine PostSharp-Kompilierung stattfinden.

Einen nennenswerten Vorteil bietet PostSharp beim Debuggen: Beim Kopilieren ist dieser Vorgang z.B. ausschaltbar (durch die Option SKIPPOSTSHARP). Dadurch wird der Entwickler in seiner Programmentwicklung keinerlei beeinflusst. Die Option deaktiviert PostSharp. Dieses ist nützlich, wenn Assemblies PostSharp.Public.dll referenzieren, aber eigentlich nicht davon bearbeitet werden. Das ist z.B. der Fall wenn das Assembly nur Aspekte beinhaltet. Diese müssen bzw. können nicht durch sich selbst transformiert werden.

Weiterhin werden die System.Reflection.Api Standards genutzt, wodurch keine neue Einarbeitung der Entwickler notwendig ist.

4.4.3. Aspektarten

Das Framework kennt sieben verschiedene Aspektarten, die zu unterscheiden sind in ihrer Anwendung:

1. OnMethodBoundary

2. OnException

3. OnFieldAccess

4. OnMethodInvocation

5. Composition

6. Implement Method

7. Custom Attribute Injector

Deren Methoden zum Überschreiben sind in Tabelle 3 dargestellt.

OnMethodBoundary überschreibt die Methoden OnEntry, OnSuccess, OnException und OnExit. Dabei wird zur Laufzeit ein Array über alle Parameter geliefert, sowie den Rückgabewert bei Exit bzw. einer Exception liefert. Einsatz findet diese Art von Aspekten z.B. beim Tracing oder beim Transaction Handling.

Ein Codebeispiel dazu ist das Überschreiben von OnEntry im Einführungsbeispiel zu PostSharp, siehe Anhang D Listing 15.

`OnException` überschreibt `OnException`. Wie bei der ersten Variante wird zur Laufzeit ein Array von Parametern, sowie die aktuelle Exception geliefert. Dieser Aspekt kann sogar auf Methoden angewendet werden, die außerhalb des aktuellen Assemblies definiert sind. Es ist zu empfehlen parallel entsprechende Exception Handling Policies zu implementieren.

`OnFieldAccess` übrerschreibt die Methoden `OnGetValue` und `SetValue`. Weiterhin werden Zugriffe auf die entsprechenden Felder abgefangen bzw. unterbrochen.

`OnMethodInvocation` überschreibt `OnInvocation`. Dabei wird zur Laufzeit der Vertreter der derzeit zu rufenden Methode und deren Argumente zurückgegeben, die anschließend ausgewertet werden.

`Composition` erlaubt die Implementierung von Interfaces wie eine Komposition.

`Implement Method` gewährleistet die Implementierung von abstrakten oder externen Methoden. Dabei kann die Methode `OnExecution` überschrieben werden.

`Custom Attribute Injector` gibt die Möglichkeit zum Hinzufügen von benutzerdefinierten Attributen zu Klassen, Feldern oder Methoden des Assemblies, welches aktuell erweitert wird.

Tabelle 3: Überblick Aspektarten und deren Einsatz

Arten	Überschreiben von
OnMethodBoundary	OnEntry, OnSuccess, OnException, OnExit
OnException	OnException
OnFieldAccess	OnGetValue, SetValue
OnMethodInvocation	OnInvocation
Composition	—
Implement Method	OnExecution
Custom Attribute Injector	—

4.4.4. Lebenszyklus eines Aspektes

Eine Grundbedingung für Aspekte ist die Definition mit `[Serializable]`, denn nur durch dieses Attribut können entsprechende Felder, unterschieden werden. Somit werden Felder, die so gekennzeichnet sind vom Compiler initialisiert. Nicht serialisierte Felder hingegen werden nur zur Laufzeit genutzt und nicht in Zwischencode übersetzt.

Der Lebenszyklus eines Aspektes ist sehr komplex. Er wird bereits zur Kompilierzeit instantiiert. Durch das Serialisieren der Aspekte werden diese Instanzen in binären Dateien im entsprechend geänderten Assemblies gespeichert.

Weiterhin kann der Zyklus in zwei Abschnitte zerlegt werden: in den, der zur Kompilierzeit und den, der zur Laufzeit stattfindet.

Die erste Phase (zur Komilierzeit) ist auf den Zielplattformen SILVERLIGHT und COMPACT FRAMEWORK nicht verfügbar. Unter SILVERLIGHT wird die Semantik nicht unterstützt und für beide sind keine Aspektinstanzen verfügbar. Unter diesen Plattformen werden auch andere Dateien genutzt: SILVERLIGHT - `Laos.SL.dll` und `Laos.SL.dll` - und im COMPACT FRAMEWORK - `Public.CF.dll` und `Laos.CF.dll`.

Im ersten Teil, zur Kompilierzeit, finden drei markante Schritte statt:

- Instanziierung des Aspektes

- Initialisierung zur Kompilierzeit

- Serialisieren

Bei der Instanziierung wird jeweils eine neue Instanz für jede Zieldefinition erstellt.

Die Initialisierung findet zur Kompilierzeit während des `build`-Prozesses statt. Dabei weiß die Instanz des benutzerdefinierten Attributes nicht an welches Element es später gebunden wird.
Das AOP Framework POSTSHARP LAOS ruft die Methode `CompileTimeInitialize` auf, dem der Elementname übergeben wird, an das die Bindung stattfinden soll.
Dabei ist negativ aufgefallen, dass bisher keine Implementierung für `Type`, `FieldInfo` und `MethodBase` vorliegt. Diese Elemente können nicht serialisiert werden und somit nicht zur Laufzeit in laufzeitfähige Elemente wie z.B. `RuntimeType` deserialisiert werden.
Am Ende der Initialisierung weiß der Aspekt, an welche Elemente er gebunden wird.

Im letzten Schritt dieser Phase werden die Dateien in einen Binärstrom serialisiert und als Assembly gespeichert.
Dieses Assembly hat ein entsprechendes Erscheinungsbild: siehe Abbildung 9 am Beispiel der Methode `GoodBye` aus dem Einführungsbeispiel.

Listing 9: Disassemblierung von der Methode GoodBye

```
1  internal class Programm
2  {
3      //Methods
4      [CompilerGenerated]
5      static Programm()
6      {
7          if(!~PostSharp~Laos~Implementation.initialized)
8              {
9                  LaosNotInitializedException.Throw();
10             }
11             ~PostSharp~Laos~Implementation.~targetMethod~2 = methodof(Program.SayGoodBye);
12             ~PostSharp~Laos~Implementation.TestPostSharp.TraceAttribute~2.RuntimeInitialize(~
                   PostSharp~Laos~Implementation.~targetMethod~2);
13     }
14     private static void Main(string[] args)
15     {
16         SayHello("Mr. President");
17         SayGoodBye("Mr. President");
18             Console.ReadKey();
19     }
20     private static void SayGoodBye(string name)
21     {
22         MethodExecutionEventArgs ~laosEventArgs~2;
23             try
24             {
25                 object[] ~argument~1 = new object[] { name };
26                 ~laosEventArgs~2 = new MethodExecutionEventArgs(~PostSharp~Laos~Implementation
                       .~targetMethod~2,null,~arguments~1);
27                 ~PostSharp~Laos~Implementation.TestPostSharp.TraceAttribute~2.OnEntry(~
                       laosEventArgs~2);
28                 if(~laosEventArgs~2.FlowBehavior.Return)
29                 {
30                     Console.WriteLine("  Say Good Bye to {0}", name);
31                         ~PostSharp~Laos~Implementation.TestPostSharp.TraceAttribute~2.OnSuccess(~
                           laosEventArgs~2);
32                 }
33             }
34             catch(Exception ~exception~0)
35             {
36                 ~laosEventArgs~2.Exception = ~exception~0;
37                 ~PostSharp~Laos~Implementation.TestPostSharp.TraceAttribute~2.OnException(~
                       laosEventArgs~2);
38                 switch(~laosEventArgs~2.FlowBehavior)
39                 {
40                     case FlowBehavior.Continue:
41                         case FlowBehavior.Return:
42                             return;
43                 }
44                 throw;
45             }
46             finally
47             {
48                 ~PostSharp~Laos~Implementation.TestPostSharp.TraceAttribute~2.OnExit(~
                       laosEventArgs~2);
49             }
50     }
51 }
```

Im zweiten Teil, zur Laufzeit, finden folgende Schritte statt:

- Deserialisierung

- Initialisierung zur Laufzeit

- Aufruf Abfangmethoden

Dabei werden diese Schritte einmalig beim Programmstart ausgeführt, d.h. erstmalig wenn ein Aspekt auftritt.

Deserialisierung der benutzerdefinierten Attribute bedeutet, dass der statische Konstruktor die ursprünglichen Daten aus dem Bytestrom wiederherstellt.

Bei der Laufzeitinitialisierung werden die deserialisierten Attributinstanzen der Methode `RuntimeInitialize` übergeben bzw. wird für jede Attributinstanz diese Methode aufgerufen. Dabei werden die realen Laufzeitobjekte übergeben z.B. `Type` und `FieldInfo`, welche an die Attribute gebunden sind. Sobald eine Aspektklasse ein Objekt benötigt, wird ein entsprechender Objektverweis in einem Feld gespeichert und dadurch der Zugriff gewährleistet.

Der letzte Schritt im Lebenszyklus ist der Aufruf der Abfangmethoden. Dabei werden Methoden aufgerufen, die entsprechende Ausführungspunkte abfangen können. Ein Beispiel dazu ist der Aufruf der `OnException` Methode eines `OnExceptionAspect` oder `GetValue` eines `OnFieldAccessAspect`

4.4.5. Aspektkonfiguration

Durch die Konfiguration von Aspekten kann festgelegt werden, wie diese durch den WEAVER verarbeitet werden sollen. Dabei werden diese Einstellungen zur Kompilierzeit ausgewertet. Unter anderem sind für einen Aspekt auch mehrere Konfigurationen möglich.

Es gibt zwei Möglichkeiten Aspekte zu konfigurieren:

- Deklarativ

- Imperativ

Bei der deklarativen Konfiguration wird ein konkretes benutzerdefiniertes Attribut auf Aspektklassen angewendet. Der Name des Attributes beginnt dabei mit dem Aspektnamen und der Erweiterung `ConfigurationAttribute` z.B. Konfiguration der Aspektklasse `OnExceptionAspect` ergibt `OnExceptionAspectConfigurationAttribute`. Diese

48

Konfiguration hat vor der imperativen immer die Priorität, d.h. wenn zufällig eine deklarative und imperative Konfiguration für eine Aspektklasse zutrifft, dann wird die imperative nicht berücksichtigt. Eine Besonderheit ist bei der Konfiguration zu beachten. Wenn einmal ein Property in der `parent`-Klasse gesetzt wurde, dann kann diese durch die `child`-Klasse nicht überschrieben werden. Sobald ein Property nicht gesetzt wird, kann dieses durch die `child`-Klasse überschrieben werden.

Die imperative Konfiguration ist das Überschreiben der Implementierungsmethode. Dabei ist der Einsatz des Aspektes immer von der Anwendung abhängig, d.h. die Konfiguration kann somit von den Properties abhängig sein. Der Einsatz dieser Methodik ist nur möglich, wenn auf der Zielplattform das vollständige .NET Framework zur Verfügung steht.

4.4.6. Wildcards, Multicasting und Vererbung

Multicast Attribute sind benutzerdefinierte Attribute, die ihre Verwendung in mehreren Deklarationen in einer einzigen Codezeile erlauben. Dieses wird ermöglicht durch den Einsatz von Wildcards, regulären Ausdrücken oder durch Filterung der Attribute. Dadurch lassen sich Aspekte einfach anwenden, indem sie z.B. mit einer einzigen Zeile Programmcode an alle statischen Methoden eines Namespaces gebunden werden.

Mulicast Attribute können auch vererbt werden, d.h. ein Attribut kann z.B. an ein Interface gebunden werden. Anschließend besteht die Möglichkeit zu definieren, dass diese Attribute auf alle Interfaces, die dieses implementieren, angewendet wird.

Multicasting ist ein Feature von PostSharp, dass somit nur hier angewendet wird.

Diese Attribute haben ein vordefiniertes Verhalten: Wenn sie auf einen bestimmten Typ angewendet werden, dann werden, finden sie auch auf alle Feldes des Typs Anwendung. Damit ist eine allgemeine Regel aufstellbar: bei Anwendung von Multicast Attributen auf einen Container, finden diese ebenso rekursiv auf allen Elementen des Containers statt. Die Tabelle 4 zeigt diese Abhängigkeiten detaillierter. Die Vererbung (ASPECT INHERITANCE) ist bei Anwendung von Aspekten für die Validierung nützlich. Die Tabelle 5 zeigt die Vererbungslinien der einzelnen Elemente.
Hinweis: `Events` und `Properties` werden hier nicht unterstützt, nur deren Zugriffsberechtigter.
Ein einfaches Beispiel dazu siehe Anhang D.

Tabelle 4: Anwendungsgebiete Multicasting Attribute

direkte Anwendung auf	implizite Anwendung
`Assembly` oder `Modul`	Typen, Methoden, Felder, Properties und Events im `Assembly` oder `Modul`
`Type`	Methoden, Felder, Properties und Events des `Types`
`Property` oder `Event`	Zugriffsberechtigungen auf die entsprechenden Elemente
`Method`	diese Methode und deren Parameter
`Field`	dieses Feld
`Parameter`	dieser Parameter

Tabelle 5: Vererbungslinien

Aspekte angewendet auf	Weiterleitung des Aspektes an
Interface	jede Klasse, die das Interface implementiert oder davon abgeleitet wird.
Klasse	jede Klasse die von dieser abgeleitet wird
abstrakte Methoden	jede Methode die diese implementiert oder überschreibt
Interface Methoden	jede Methode die diese Interfacesemantik implementiert
Parameter oder Rückgabewert	korrespondierende Parameter
Assembly	alle Assemblies die auf das Assembly verweisen

4.5. Spring.NET

4.5.1. Spring.NET Framework

Das Framework wird von SpringSource erstellt, unterstützt und weiterentwickelt. Dabei basiert das Design von Spring.NET auf der Javaversion des Spring Frameworks, welches weltweit bereits in vielen Enterprise Anwendungen eingesetzt wird. Die aktuelle .NET Version ist die 1.2.0.

Die Portierung des Frameworks basiert auf ein modulares Architekturkonzept, das an keine konkrete Plattform gebunden ist.
Spring.NET ist dabei keine Alles-Oder-Nichts Lösung. Anwender können diverse Funktionalitäten in entsprechenden Modulen unabhängig voneinander nutzen.
Das Framework besteht somit aus mehreren Modulen:

- Spring.Core

- Spring.Aop

- Spring.Data

- Spring.Data.NHibernate

- uvm.

Z.B. ist das Spring.Core Modul dafür verantwortlich, dass Anwendungen durch DE-PENDENCY INJECTION konfiguriert werden.

Das Modul für die Umsetzung von AOP ist Spring.Aop. Diese Aspektbibliothek hat vordefinierte, einfach zu nutzende Aspekte, wie z.B. für Geschäftsvorgänge, Logging, Performanzüberwachung, Caching und Ausnahmebehandlung.
Dabei ist der Einsatz von Spring erstrebenswert, wenn das Framework bisher ebenfalls für DI eingesetzt wird, da es sehr umfangreich ist und viele Tools mitbringt.

4.5.2. Spring.AOP

AOP wird im Spring.NET mittels Proxy eingesetzt. D.h. es wird ein Proxy um das Objekt erstellt, auf welches ein entsprechender Aspekt angewendet wird.
Der Objektaufruf funktioniert ohne AOP wie in Abbildung 18 dargestellt. Dabei findet der Aufruf direkt auf dem Objekt statt. Im Gegensatz dazu steht der Aufruf mit AOP Anwendung. Dabei ist in Abbildung 19 der Ablauf an einem BEFORE-ADVICE dargestellt. Der Aufruf des Objektes wird durch den Proxy abgefangen. Dieser führt dann den AD-VICE aus und ruft anschließend die Original-Methode des Objektes auf. Das WEAVING

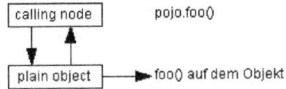

Abbildung 18: Spring.NET: Ohne Anwendung von AOP

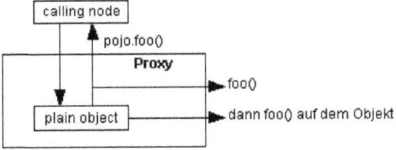

Abbildung 19: Spring.NET: Before-Advice Ausführung Vgl. [Pol08]

stellt dabei das Verknüpfen des Objektes mit dem Proxy dar. Dieser Prozess wird zur Laufzeit ausgeführt.
Ein Nachteil hierbei ist, dass ein Proxy nicht für `final` definierte Klassen möglich ist.

4.5.3. Beispiel Spring.Net

Am Beispiel des BEFORE ADVICES für das Logging lässt sich auch eine Parallelität der Anwendung zu PIAB und Unity finden, die durch ihre Enterprise Library Unterstützung aber wesentlich einfacher konfigurierbar sind.

Dieser ADVICE (siehe Listing 10) druckt den Methodennamen, sowie die entsprechenden Parameter auf der Konsole aus.

Listing 10: Before Advice: Method Logging vgl. [Con08]

```
 1  public class LogBefore: IMethodBeforeAdvice
 2  {
 3    public void Before(MethodInfo method, Object[] args, Object target)
 4    {
 5      // Log method start
 6      Console.Out.WriteLine("LogBefore: Entering method '" + method.Name + "'");
 7      // Log method arguments
 8      for (int i = 0; i < args.Length; i++)
 9        Console.Out.WriteLine("LogBefore: Argument " + (i+1) + " - " + args[0].ToString());
10    }
11  }
```

Hierbei ist die Implementierung des Interfaces `Spring.Aop.IMethodBeforeAdvice` ein wesentlicher Punkt. Dadurch erkennt das Framework Spring.Net, dass dieser Code ein BEFORE ADVICE ist und kann dementsprechend die Abarbeitung vornehmen.
Um diesen ADVICE zu spezifizieren, muss die XML Konfiguration z.B. in der `App.config` angepasst werden - siehe Konfigurationsausschnitt in Abbildung 11.

Listing 11: Before Advice Configuration Example: Method Logging

```
1  <!-- Before Advice Example: Method Logging -->
2  <object id = "LogBefore" type = "SpringAOPExample.Aspects.LogBefore"/>
3  <!-- Example Service Proxy Advice Applied -->
4  <object id = "exampleService" type = "Spring.Aop.Framework.ProxyFactoryObject">
5    <property name = "target" ref = "exampleServiceTarget" />
6    <property name = "interceptorNames">
7      <list>
8        <value>LogBefore</value>
9      </list>
10   </property>
11  </object>
12  <object id = "exampleServieTarget" type = "SpringAopExample.Service.Impl.
        ExampleServiceImpl">
13    <!-- Bem.: Standard Service Objekt. Importiert Dependencies wie benötigt -->
14  </object>
```

Hierbei wird ein AOP Proxy für den Service eingerichtet. Der ADVICE erhält gleichzeitig seine Spezifikation, so dass alle Methodenaufrufe zu diesem Service abgefangen werden. Somit werden sämtliche Aufrufe in diesem Service angesprochen. Vor Ausführung der Methoden wird zuerst der ADVICE aufgerufen und die entsprechenden Log Informationen geschrieben.

Auf Wunsch kann der ADVICE auch an mehrere Services gebunden werden. Der Vorteil, wie bereits erwähnt, ist dabei die Unabhängigkeit des Programmcodes zur Konfiguration. Dadurch werden auch unnötige Abhängigkeiten innerhalb des Codes vermieden, da dieser nicht weiß, mit wem oder was er interagieren soll.
Weitere Informationen zum Beispiel sind dem Anhang E zu entnehmen.

4.6. Bewertung Frameworks

Aus der detaillierten Betrachtung der Frameworks bzw. Technologien lässt sich feststellen, dass PIAB und Unity anders arbeiten als PostSharp. Daher ist für eine Evaluierung welche Technik den optimalen Einsatz für das Projekt bringt, eine genauere Analyse der Vor- und Nachteile vorzunehmen.

Vorteile und Nachteile von PIAB/Unity

+ Keine Zusatzinstallation bei Verwendung der ENTERPRISE LIBRARY 4.1

+ Unity nur Einsatz, wenn Dependency Injections benötigt werden.
  Objekte erhalten ihre Abhängigkeiten von einer anderen Instanz. Rolle der zuweisenden Instanz übernimmt der Container, der über seine Konfiguration ein Objektnetz aufgebaut hat und dadurch Kontrolle über den gesamten Lebenszyklus der Objekte übernimmt

- Hohe Einarbeitungszeit in die Konfigurationen und damit verbundenes Verständnis wie Handler funktionieren

- Unterscheidung Einsatz Unity mit und ohne Nutzung der Enterprise Library.
  Die Nutzung mit der Enterprise Library verursacht Kosten, aber bietet die volle Unterstützung von PIAB.
  Beim Einsatz ohne die Library entstehen keine Kosten, aber es stehen auch keine vordefinierten Handler zur Verfügung.

- Bei Umbenennung der Tags im Handler, wenn keine Konfigurationsdatei genutzt wird, müssen für alle Attribute manuell die Namen geändert werden

o Anwendung von XML-basierten Konfigurationen (genaue Vorschrift beachten)

o Ausführung zur Laufzeit

o Proxy Einsatz und dadurch zwei Objekte

Vorteile und Nachteile von PostSharp

+ Keine Handlerdefinition, sondern nur Attribute

- Attributdefintion fest im Code

- Refactoring kann aufwendig sein, dass bei z.B. Klassennamenänderung alle entsprechenden Tags umgeschrieben werden müssen

o Keine XML basierte Konfigurationsdateien

o Ausführung zur Kompilierzeit

o Nur ein Objekt vorhanden

Aufgrund dieser Analyse (Tabelle 6), in der + für positiv, − für negativ und o für neutral steht, fällt die Entscheidung schwer, welche Technologie besser einzusetzen ist. Zur Entscheidungsfindung muss somit die bisherige Anwendung nochmals mit in Betracht gezogen werden. Bisher werden alle Einstellungen per XML vorgenommen, d.h. es existiert jeweils eine config-Datei. Somit sind die Entwickler vertraut in der Anwendung von XML-Strukturen. Weiterhin ist die Anwendung von Konfigurationen, die zur Laufzeit eingesetzt werden, variabler in der Nutzung, da so während der Anwendung bereits Änderungen integriert sind.

Fazit: Der Einsatz von PIAB/Unity ist für das vorliegende Projekt absolut empfehlenswert. Sobald die Umstellung der Version der ENTERPRISE LIBRARY auf 4.1 erfolgt ist, kann Unity auch ohne Zusatzinstallation verwendet werden.

Tabelle 6: Auswertung nach Kriterien

Kriterien	PIAB/Unity	PostSharp
Allgemein		
Sprache	englisch	englisch
	+	+
Lizenz	Unity: Ms-PL	GPL-LGPL
	o	+
Kosten	in Verbindung mit Enterprise Library	OpenSource
	o	+
Aktualität	Oktober 2008	März 2009
	+	+
Frameworkspezifisch		
Einsatzkriterien	PIAB	uneingeschränkt
	+	+
Einarbeitung	Struktur und XML	Struktur
	-	o
Qualifikation Anwender	PIAB, C# , XML	C#
	o	+
Ausführungszeitpunkt	zur Laufzeit	zur Kompilierzeit
	+	+
Dokumentation		
Qualität	englisch msdn	englisch postsharp.org
	+	+
Aktualität	aktuell	aktuell
	+	+
Umfang	Creating, Modifying, usw.	User Guide, Class Reference, XML Reference
	+	+
Foren/Wiki	pattern & practices	postsharp.org forum
	+	+

5. Schlussfolgerungen

5.1. Bewertung Technologie

Die Frage, die sich letztlich stellt ist: Wird AOP in der Softwareentwicklung wirklich gebraucht?

Die Antwort darauf ist nein. Es lässt sich weiterhin alles über Funktionen und Sprünge abbilden. Aber warum ist dann OOP quasi zum Standard der Programmentwicklung geworden? OOP abstrahiert Problembereiche wesentlich besser und bietet dadurch dem Entwickler eine hohe Arbeitserleichterung. Gleiches gilt für AOP. Alles was über AOP realisiert wird, kann auch über OOP integriert werden. Allerdings gibt es Einsatzgebiete, bei denen die OOP-Realisierung einen wesentlich höheren Aufwand an Programmzeilen und Zeit mit sich bringt.

Also was wird genutzt: ein komfortabler AOP Einsatz, bei dem der Entwickler noch nach einer bestimmten Zeit weiß, welches Ziel verfolgt wurde, oder eine OOP Implementierung, die unüberschaubar wirkt?

Somit ist die Antwort: ja AOP wird gebraucht.

In dieser Arbeit wurde gezeigt, dass AOP in vielen Einsatzgebieten sinnvoll ist und diverse Vorteile gegenüber OOP bringt.
Vorteile von AOP zeigen sich dabei durch bessere Modularität, leichtere Wiederverwendbarkeit und geringe Kopplung. Weiterhin lassen sich Funktionalitäten einzelner Methoden und Klassen von außen beeinflussen bzw. vollständig manipulieren.

Ein weiteres wichtiges Einsatzgebiet ergibt sich für AOP z.B. beim Einsatz fremder Software und deren Anpassung an das eigene System. Mit Hilfe von AOP kann diese fremde Software, auch ohne Kenntnis des Quellcodes, angepasst werden. Wie? Indem einzelne Methoden und Klassen manipuliert werden.
Selbst wenn die Zugriffsmöglichkeit auf den Quellcode besteht, ist es sinnvoll Änderungen und Anpassungen in Aspekten vorzunehmen. Der Vorteil besteht darin, dass beim Erscheinen neuer Versionen der Fremdsoftware der neue Quellcode nicht wieder bearbeitet wird. Im allgemeinen Fall reicht es aus, die Aspekte mit einzubinden, und die neue Software kann wie bisher mit ihrer vollständigen Funktionalität eingesetzt werden.

AOP hat jedoch, wie jede Technologie auch, gewisse Schattenseiten. AOP erfordert eine andere Denkweise vom Entwickler. Gleichzeitig bietet es aber auch eine relativ steile Lernkurve. Dabei benötigt der Programmierer aber eine verhältnismäßig lange Zeit um mit der Technologie vertraut zu sein.

Für die Zukunft wird AOP einen intensiven und bedeutsamen Einsatz in der Programmierung finden. Durch die Geschwindigkeit, mit der die Leistung der heutigen Rechenleistung wächst, steigen auch die Anforderungen und Fähigkeiten an die Software immer weiter. Die Projekte werden immer größer und damit auch unübersichtlicher. Trotz wachsender Konkurrenz und kürzerer Entwicklungsphasen muss die Software aber weiterhin fehlerfrei ausgeliefert werden. Dies stellt neue Anforderungen an den Entwicklungsprozess. Hier hat AOP ebenfalls Zukunft durch die Möglichkeit der unabhängigen Programmierung der Querschnittsfunktionen zur Funktionalität.

Es ist davon auszugehen, dass AOP in den nächsten Jahren immer stärker an Bedeutung gewinnen und vermehrt eingesetzt wird.

5.2. Zusammenfassung

In dieser Diplomarbeit wurden die Grundzüge der aspektorientierten Programmierung vorgestellt und anhand einer Anwendung der Einsatz von AOP dargestellt. Dieses geschah hauptsächlich durch die Anwendung von PIAB als AOP Framework, wobei andere angesprochen und vorgestellt wurden. Dabei ist festzustellen, dass AOP sich hervorragend in vielen Bereichen, wie z.B. Logging oder Caching einsetzten lässt. AOP kann nicht nur den Entwicklungsprozess verbessern, sondern eröffnet auch ganz neue Designmöglichkeiten.

AOP ist nicht mehr nur eine theoretische Methode, sondern bereits ausgereift für den täglichen Praxiseinsatz. Durch den relativ hohen Lernaufwand für diese Technologie ist jedoch vom Einsatz in kleinen Projekten abzuraten. Die Investition in diese Technologie ist jedoch durchaus sinnvoll und gleicht sich in Folgeprojekten sehr schnell aus.

Es sollte klar sein, dass sich natürlich nicht alle Probleme der Softwareentwicklung mit AOP lösen lassen. Durch gezielten Einsatz von AOP werden jedoch viele Probleme wesentlich einfacher und eleganter gelöst.
Damit lässt sich nur noch sagen: Es lohnt sich, die Katze aus dem Sack zu lassen. Es werden sich Möglichkeiten ergeben, die bisher nicht wirklich umsetzbar waren, oder von denen gedacht wurde: "Warum lässt sich das nicht einfacher lösen".

Literatur

[BK04] BONOMO-KAPPELER, Irene: *Aspektorientierte Software-Entwicklung unter besonderer Berücksichtigung der begrifflichen Zusammenhänge und der Einbettung in den Entwicklungsprozess.* `http://www.ifi.uzh.ch/ archive/mastertheses/DA_Arbeiten_2004/Bonomo-Kappeler_Irene.pdf`, 2004. – [Online: 17.07.2009]

[Böh06] BÖHM, Oliver: *Aspektorientierte Programmierung mit AspectJ5, Einsteigen in AspectJ und AOP.* dpunkt.verlag, 2006 (ISBN 3-89864-330-1)

[Con08] CONSDORF, David: *Aspect-Oriented Programming (AOP) with Spring.Net.* `http://www.developer.com/lang/article.php/10924_3795031_2`, 2008. – [Online: 25.06.2009]

[Cor08a] CORPORATION, Microsoft: *The Policy Injection Application Block.* `http://msdn.microsoft.com/en-us/library/cc511729.aspx`, 2008. – [Online: 09.06.2009]

[Cor08b] CORPORATION, Microsoft: *The Unity Application Block.* `http://msdn.microsoft.com/en-us/library/cc511654.aspx`, 2008. – [Online: 09.06.2009]

[Ert08] ERTELT, Michael: *Systema GmbH, Business Architektur.* 2008

[FECA05] FILMAN, R. E. ; ELRAD, T. ; CLARKE, S. ; AKSIT, M.: *Aspect-Oriented Software Development.* Addison Wesley Verlag, 2005 (ISBN 0-321-21976-7)

[Fow04] FOWLER, Martin: *Inversion of Control Containers and the Dependency Injection pattern.* `http://martinfowler.com/articles/injection.html`, 2004. – [Online: 27.07.2009]

[Fra09] FRAITEUR, Gael: *Multithreading unter Windows Forms und WPF mit PostSharp vereinfachen, Multithreading? Ist doch easy!* In: *dotnetpro* (3.2009), S. 16–22

[Hol07] HOLLANDER, Tom: *Announcing the Policy Injection Application Block.* `http://blogs.msdn.com/tomholl/archive/2007/02/23/ announcing-the-policy-injection-application-block.aspx`, 2007. – [Online: 11.06.2009]

[Inc08] INCE, Simon: *Aspect Oriented Interception .* `http://blogs.msdn.com/ simonince/archive/2008/06/24/aspect-oriented-interception.aspx`, 2008. – [Online: 27.07.2009]

[Jac04]   JACSON, Ivar: *Aspect-Oriented Software Development With Use Cases.* Addison Wesley Verlag, 2004 (ISBN 0-321-26888-1)

[Lad03]   LADDAD, Ramnivas: *AspectJ in Action, Practical Aspect-Oriented Programming.* Manning Publications, 2003 (ISBN 1-930110-93-6)

[Lad02]   LADDAD, Ramnivas: *I want my AOP.*   `http://www.javaworld.com/javaworld/jw-01-2002/jw-0118-aspect.html`, 2002. –   [Online: 127.07.2009]

[Mau04]   MAUERER, Jürgen: *Enterprise Services.* `http://msdn.microsoft.com/de-de/library/cc405511.aspx`, 2004. – [Online: 28.05.2009]

[Men09]   MENTZEL, Thomas: *AOP mit PostSharp.* `http://thomas.mentzel.name/2009/03/03/aop-mit-postsharp/`, 2009. – [Online: 03.06.2009]

[MSD09]   MSDN: *Windows Communication Foundation.* `http://msdn.microsoft.com/de-de/library/ms735119.aspx`, 2009. – [Online: 09.07.2009]

[Nes09]   NESTERUK, Dimitri: *AOP via PostSharp, Introduction to Aspect-Oriented Programming.* `http://spbalt.net/Content/Dmitri_Nesteruk_AOP.pdf`, 2009. – [Online: 02.06.2009]

[New07]   NEWTON, Keenan: *The Definitive Guide to the Microsoft Enterprise Library, Build Application faster by taking advantage of solutions to common development problems such as configuration, caching, abd security.* Appress, 2007 (ISBN 1-59059-655-2)

[Pah04]   PAHL, Shannon: *Informationen zu Enterprise Services (COM+) in .NET.*   `http://msdn.microsoft.com/de-de/library/ms973847.aspx`, 2004. – [Online: 28.05.2009]

[Pol08]   POLLACK, Mark: *Chapter 13. Aspect Oriented Programming with Spring.NET.* `http://www.springframework.net/doc-latest/reference/html/aop.html`, 2008. – [Version: 1.2.0, Online: 28.05.2009]

[Pol08]   POLLACK, Mark: *Chapter 17. AOP Guide.* `http://www.springframework.net/doc/reference/html/aop-quickstart.html`, 2008. – [Version: 1.2.0, Online: 28.05.2009]

[PP08]   PATTERNS ; PRACTICES: *patterns & practices, Microsoft Unity Application Block 1.2.* `http://www.microsoft.com/downloads/details.aspx?FamilyId=9612B06E-14C1-4226-A092-2472DCC81B51&displaylang=en`, 2008. – [Online: 11.06.2009]

[Pre09]   PRELOVAC, Vladimir: *Unity, policy injection application block and AOP.* http://www.nablasoft.com/alkampfer/index.php/2009/01/17/ unity-policy-injection-application-block-and-aop/, 2009. – [Online: 10.06.2009]

[Rho09]   RHODE, Thomas: *Machen oder machen lassen, das ist hier die Frage. Bei Spring AOP wird Kundenservice groß geschrieben.* http://www. ordix.de/ORDIXNews/1_2009/Java_JEE/spring_aop.html, 2009. – [Online: 24.07.2009]

[Rof09]   ROFEN, Golo: Zehn Attribute, die Ihr Arbeitsleben verändern können, [dev: Important(Prio.High)]. In: *dotnetpro* (3.2009), S. 23–30

[Ros90]   ROSE, Andrea: *Systema GmbH, Broschüre WIKA.* 1990

[Sch03]   SCHULT, Wolfgang: *Aspektorientierte Programmierung.* http: //user.cs.tu-berlin.de/~mwerner/discourse/documents/BlockLV03/ schult-aop.pdf, 2003. – [Online: 14.05.2009]

[Sch09]   SCHWICHTENBERG ; Holger: *Erklärung des Begriffs: Microsoft Intermediate Language (MSIL) Was ist Microsoft Intermediate Language (MSIL)?.* http://www.dotnetframework.de/ %7B054EDF53-637E-46A0-80B2-862CCC01C7D0%7D.aspx, 2009. – [Online: 27.07.2009]

[See03]   SEEBOTH, Sven: *Aspektorientierte Programmierung (AOP).* http: //just-seeboth.de/cms/fileadmin/uploads/hsaoppresent.pdf, 2003. – [Online: 27.07.2009]

[Wei05]   WEICHERT, Oliver: *Aspektorientierte Programmierung, "Post-Objekt-Orientierte Ansätze zur Software-Entwicklung", Einführung in die Aspektorientierte Programmierung.* http://www.uni-koblenz.de/FB4/Institutes/ IST/AGEbert/Teaching/SS05/Seminar/FolienWeichertMitHintergrund. pdf, 2005. – [Online: 27.07.2009]

[Wes07]   WESPHAL, Ralf: Aspektorientierte Programmierung mit .NET, Konzentration auf das Wesentliche. In: *dotnetpro* (10.2007), S. 136–145

Abbildungsverzeichnis

Tabellenverzeichnis

Listings

6. Anhang

Anlagenverzeichnis

A. SOA

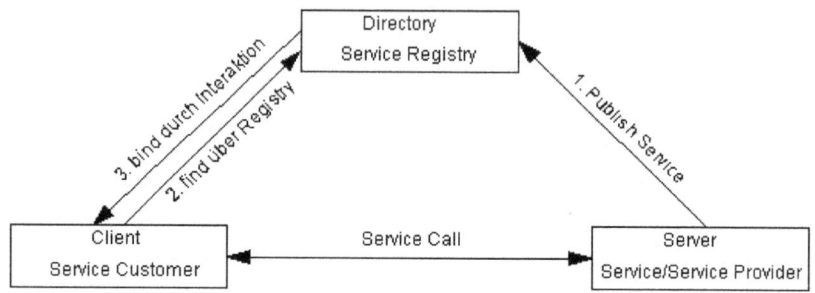

Abbildung 20: Vorgehensweise SOA

Der Begriff serviceorientierte Architektur wurde 1996 von dem Marktforschungsunternehmen Gartner erstmalig genutzt. Dieser gilt somit als Erfinder der SOA.

Es gibt dennoch keine allgemein akzeptierte Definition von SOA. Häufig wird aber die Definition von der OASIS (OASIS - Organization for the Advancement of Structured Information Standards) aus dem Jahr 2006 zitiert:

"SOA ist ein Paradigma für die Strukturierung und Nutzung verteilter Funktionalität, die von unterschiedlichen Besitzern verantwortet wird."

In dieser Architektur werden die für die Geschäftsprozesse benötigten Funktionalitäten als Services implementiert und orchestriert. Für Schnittstellen zwischen den Schnittstellen existieren standardisierte Beschreibungen. Dadurch können unterschiedliche Technologien miteinander verbunden werden.

Durch den Einsatz des OASIS-Konsortiums sind Methodik und Technik standardisiert. OASIS ist eine internationale, nicht-gewinnorientierte Organisation, die sich mit der Weiterentwicklung von E-Business- und Web-Service-Standards beschäftigt. Bekannte Standards der OASIS sind z.B. OpenDocument und DocBook.

Unterstützung findet dieses Konsortium in der IT-Branche bei HP, IBM, Microsoft, Oracle, SAP, SUN, u.v.m.

Durch die Standardisierungsvereinbarungen sind Services interoperabel. Weiterhin können durch Spezifikationen einzelner Hersteller Erweiterungen der Architektur nach außen (z.B. für das Internet) genutzt werden, da diese über Gateways erreichbar sind.

SOA besitzt heute einen hohen Verbreitungsgrad - sowohl bei den Herstellern als auch im Kundeneinsatz. Neu am Konzept der SOA ist der Einsatz flexibler Services, um die Geschäftsprozesse mit der Technik auf Basis anerkannter Standards zu verbinden.

Anhand der Abbildung 21 sollen beispielhaft Funktionalität und die Dienstgüteeigenschaften dargestellt werden.

Die Vorgehensweise von SOA-Anwendungen wird in drei Schritten abgearbeitet

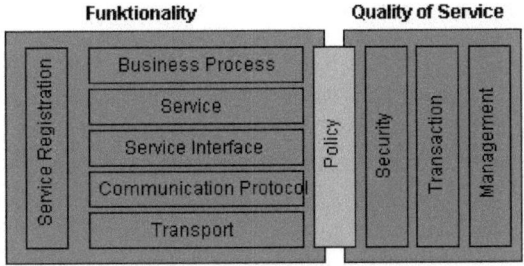

Abbildung 21: Beispiel SOA

1. Publish Service über die entsprechende Schnittstelle

2. find über Registry

3. bind durch Interaktion

Dieses ist in Abbildung 20 dargestellt.

Dieses Prinzip beruht auf drei wichtigen Ansätzen:

1. Services sind vorhandene oder angebotene fachliche Dienste deren Schnittstelle den Charakter eines Softwarevertrages zwischen Anbieter und Nutzer besitzt.

2. Komplexe Anwendungen werden nach dem Baukastenprinzip aus einzelnen Services zusammengesetzt. Dadurch entsteht eine lose Kopplung der Services über deren Schnittstellen.

3. Anwendung des Find-Bind-Execute-Paradigma: Der Serviceaufruf findet über einen einheitlichen Mechanismus statt. Dabei wird der entsprechende Service durch seine abstrakte Beschreibung lokalisiert (Ortstransparenz).

B. Enterprise Services

ENTERPRISE SERVICES bieten technische Einzelheiten zur Integration von COM+- und Microsoft.NET Diensten an. Weiterhin beschreiben sie die verfügbaren Dienste, die für den zu verwaltenden Code benötigt werden. Dazu zählen unter anderem Objekt-Pooling, Prozessinitialisierung, Dienste ohne Komponenten und Prozessrecycling. Das Programmiermodell wird von `System.EnterpriseServices`-Namespace bereitgestellt, mit dem das Hinzufügen von Diensten zu verwalteten Klassen möglich ist.

Durch das zur Verfügung stellen von Software-Komponenten, wird das Programmieren von verteilten Anwendungen erleichtert. Über das .NET Framework ist der Zugriff auf die COM+-Dienste-Infrastruktur mittels verwaltetem Code möglich. In diesem Umfeld werden die Dienste ENTERPRISE SERVICES genannt.

Für weitere Informationen zum Thema wird auf die Quellen [Pah04] und [Mau04] verwiesen.

C. Windows Communication Foundation

Die Windows Communication Foundation (WCF, früherer Codename Indigo), ist in Microsoft Windows eine neue Dienst-orientierte Kommunikationsinfrastruktur zur Erstellung verteilter Anwendungen. Hierbei werden viele Netzwerk-Funktionen zusammengeführt und den Programmierern standardisiert zur Verfügung gestellt.

Durch die WCF werden die Kommunikationstechnologien DCOM, Enterprise Services, MSMQ, WSE und Web-Services unter einer einheitlichen API zusammengefasst. Das Hauptanwendungsgebiet von WCF liegt in der Entwicklung Service- orientierter Architekturen. Die WCF gehört zum .NET Framework ab der Version 3.0, welches ursprünglich für Microsoft Windows Vista, mit dem das ganze Framework ausgeliefert wird, entwickelt wurde, aber auch für die Windows-Vista-Vorgänger Windows XP und Windows Server 2003 verfügbar ist.

Mit WCF kommunizieren Anwendungen miteinander, unabhängig davon, ob sie sich auf demselben Computer, im Internet oder auf verschiedenen Anwendungsplattformen befinden.

Grundlegende Aufgaben müssen in der angegebenen Reihenfolge ausgeführt werden:

- Definition eines Dienstvertrages.
  Dabei gibt ein Dienstvertrag die Signatur eines Dienstes (die Daten, die ausgetauscht werden), sowie andere vertraglich erforderliche Daten an.

- Implementierung eines Vertrages.
  Zur Implementierung wird eine Klasse erstellt, die den Vertrag implementiert. In dieser Klasse wird das benutzerdefinierte Verhalten der Laufzeit angegeben.

- Konfigurieren des Dienstes.
  Dafür werden Endpunktinformationen und andere Verhaltensinformationen angeben.

- Hosten des Dienstes in einer Anwendung.

- Erstellung eine Clientanwendung.

Die WCF abstrahiert das Konzept des Endpunktes durch eine Trennung in Address, Binding und Contract (ABC-Prinzip).
Die Address (Adresse) ist dabei ein URI (Uniform Ressource Identifier), der den Ort des Dienstes beschreibt und somit seine Erreichbarkeit für die Dienstkonsumenten

kennzeichnet.

Das Binding (Anbindung) beschreibt die Art der Kommunikation, worunter unter anderem die Merkmale der Kodierung und des Protokolls fallen.

Der Contract (Vertrag) stellt die Dienstdefinition, insbesondere die zur Verfügung gestellten Methoden, beinhaltend dar.

Für weitere Informationen zu WCF wird auf die MSDN Bibliothek siehe [MSD09] verwiesen.

D. Einführungsbeispiel PostSharp

Als Einführung für PostSharp soll ein einfaches Beispiel dienen, welches das Betreten und Verlassen von Methoden aufzeichnet. Als Framework wurde hier PostSharp Version 1.5.4.574 eingesetzt.

Die Grundlage des Programms bildet die Standard Datei `Program.cs` siehe Listing 12.

Listing 12: Program.cs

```
1  class Program
2  {
3      static void Main(string[] args)
4      {
5          SayHello("Mr. President");
6          SayGoodBye("Mr. President");
7          Console.ReadKey();
8      }
9      static void SayGoodBye(string name)
10     {
11         Console.WriteLine("Say Good Bye to {0}.", name);
12     }
13     static void SayHello(string name)
14     {
15         Console.WriteLine("Say Hello to {0}.", name);
16     }
17 }
```

Diese Datei enthält derzeit keinerlei Aspekte und Hinweise darauf, dass welche angewendet werden sollen. Dabei gibt es zwei Möglichkeiten das Tracing zu integrieren: indem die gesamte Klasse mit Bedingungen (Listing 13) angesprochen wird oder nur die Methoden (Listing 14), deren Aufruf aufgezeichnet wird.

Im folgenden Beispiel (siehe Listing 13) ist verdeutlicht, wie alle Methoden, die mit `Say*` beginnen, angesprochen werden. Auf alle diese Methoden wird anschließend das Tracing angewendet, welches im Aspekt definiert wird.

Listing 13: Tracing der Klasse Programm.cs

```
1  [Trace (AttributeTargetMembers="Say*")]
2  // für Trace der Methoden Say* --> SayHello und SayGoodBye
3  class Program
4  {
5      // bleibt wie bisher erhalten
6  }
```

Listing 14: Tracing der Methoden Program.cs

```
1  class Program
2  {
3      static void Main(string[] args)
4      {
```

```
5       ...
6       }
7       [Trace]
8       static void SayGoodBye(string name)
9       {
10          ...
11      }
12      [Trace]
13      static void SayHello(string name)
14      {
15          ...
16      }
17  }
```

Zusätzlich muss der entsprechende Aspekt definiert werden, indem festgelegt wird, was beim Tracing ausgeführt wird - zur Verdeutlichung siehe Listing 15.

Listing 15: TraceAttribute1.cs

```
1  using PostSharp.Laos;
2
3  [Serializable]
4  class TraceAttribute : OnMethodBoundaryAspect
5  {
6      public override void CompileTimeInitialize(System.Reflection.MethodBase method)
7      {
8          this.methodName = method.DeclaringType.Name + "/" + method.Name;
9      }
10     public override void OnEntry(MethodExecutionEventArgs eventArgs)
11     {
12         Console.WriteLine("Entry of {0}", eventArgs.Method);
13     }
14     public override void OnExit(MethodExecutionEventArgs eventArgs)
15     {
16         Console.WriteLine("Exit of {0}", eventArgs.Method);
17     }
18  }
```

Diese einfache Implementierung liefert die in Abbildung 22 dargestellte Ausgabe. Dabei ist ersichtlich, dass jedes Betreten und Verlassen der gekennzeichneten Methoden aufgezeichnet wurden. Das Listing 16 zeigt eine einfache Modifizierung, indem der

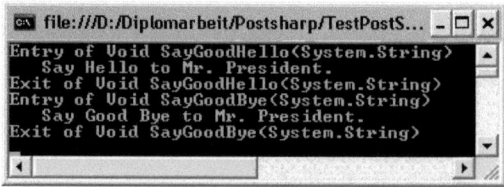

Abbildung 22: Ausgabe Implementierung Tracing Aspekt (einfach)

Methodenname aus dem Parameterarray, welches zur Kompilierzeit erstellt wurde, extrahiert und verwendet wird.

Listing 16: TraceAttribute2.cs

```
1  using PostSharp.Laos;
2  [Serializable]
3  class TraceAttribute : OnMethodBoundaryAspect
4  {
5      string methodName;
6      public override void CompileTimeInitialize(System.Reflection.MethodBase method)
7      {
8          this.methodName = method.DeclaringType.Name + "/" + method.Name;
9      }
10     public override void OnEntry(MethodExecutionEventArgs eventArgs)
11     {
12         Console.WriteLine("Entry of {0}", this.methodName);
13     }
14     public override void OnExit(MethodExecutionEventArgs eventArgs)
15     {
16         Console.WriteLine("Exit of {0}", this.methodName);
17     }
18 }
```

Das Ergebnis dieser Änderung ist in Abbildung 23 dargestellt. Dabei ist erkennbar, dass hierdurch die Methode genauer bestimmt wird, als im einfachen Beispiel.

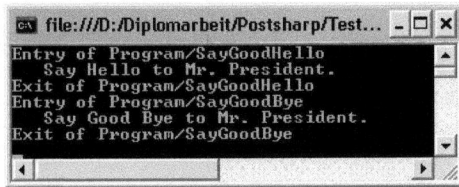

Abbildung 23: Ausgabe Implementierung Tracing Aspekt (erweitert)

E. Einführungsbeispiel Spring.Net

Als Einführung in Spring.Net wird im Folgenden als Beispiel das Logging für Methodenaufrufe erläutert. Dazu dienen Listings und Abbildung zum besseren Verständnis. Als Framework wurde Spring.NET Version 1.2.0 eingesetzt.

Abbildung 24 zeigt die Projektstruktur des Beispiels SpringAOPExample und die resultierende Ausgabe.

Das Listing 17 zeigt die Implementation des Services, welches anschließend geloggt werden soll.

(1) Struktur des Programms

(2) Ausgabe des Programms

Abbildung 24: Der Projektaufbau und die Ausgabe des Beispiels

Listing 17: ExampleService.cs

```
1  namespace SpringAOPExample.Service
2  {
3    public class ExampleService : IExampleService {
4      public Object getObject(long id)
5      {
6        // Run some logic to retrive an object
7        return "testObject";
8      }
9
10     public void saveObject(Object obj)
11     {
12       // Run some logic to save an object
13     }
14
15     public void runOperation(Object obj)
16     {
17       // Run some logic
18     }
19   }
20 }
```

Das Listing 18 zeigt das Interface für die Services, die die aufgelisteten Methoden mindestens implementieren müssen.

Listing 18: IExampleService.cs

```
 1  using System;
 2
 3  namespace SpringAOPExample.Service
 4  {
 5    public interface IExampleService
 6    {
 7      Object getObject(long id);
 8      void saveObject(Object obj);
 9      void runOperation(Object obj);
10    }
11  }
```

Das Hauptprogramm, siehe Listing 19, erzeugt den Service exampleService, dem das spezifizierte Objekt der Konfiguration übergeben wird. Somit werden alle Methodenaufrufe dieses Services anschließend geloggt.

Listing 19: Program.cs

```
 1  using System;
 2  using System.Collections.Generic;
 3  using System.Text;
 4  using Spring.Context;
 5  using Spring.Context.Support;
 6  using SpringAOPExample.Service;
 7
 8  namespace SpringAOPExample
 9  {
10    class Program
11    {
12      static void Main(string[] args)
13      {
14        try {
15          // get Spring Context
16          using (IApplicationContext ctx = ContextRegistry.GetContext())
17          {
18            IExampleService exampleService = (IExampleService)ctx.GetObject("exampleService
                 ");
19            Console.WriteLine("Example: Get Object");
20            exampleService.getObject(25);
21            Console.WriteLine("\nExample: Save Object");
22            exampleService.saveObject("testSaveObject");
23            Console.WriteLine("\nExample: Run Operation");
24            exampleService.runOperation("testRunObject");
25          }
26        }
27        catch (Exception ex)
28          System.Console.Error.WriteLine("Error occured: " + ex.Message);
29        Console.WriteLine("\nPress enter to continue...");
30        Console.ReadLine();
31      }
32    }
33  }
```

Die vollständige Konfigurationsdatei ist in Abbildung 25 abgebildet. Dabei beinhaltet das `<configSection>`-Tag die Konfiguration für AOP und Transaction Namespace Parser der Anwendung. Hier müssen somit alle Handlerarten des Spring Frameworks spezifiziert werden - in diesem Beispiel: `ContextHandler` und ein `DefaultSectionHandler`. Weiterhin werden hier auch selbst definierte Ressource Handler registriert, die im weiteren Verlauf Anwendung finden.

Das `<Objects ...>`-Tag ist die Präambel zur Nutzung des Frameworks.

Im weiteren Verlauf werden in der Spring Konfiguration (`<spring>`) die im Programmcode definierten Objekte registriert. D.h. es wird ein Zielobjekt `ExampleServiceTarget` und eine Abfangmethode `methodLoggingBeforeAdvice` definiert. Weiterhin wird in diesem Abschnitt auch noch das Object `exampleService` konfiguriert, welcher in der folgenden Programmzeile wiedergefunden werden kann

```
IExampleService exampleService = (IExampleService)ctx.GetObject(
"exampleService")
```

Abbildung 25: Vollständige Konfiguration des SpringAOPExample

F. Vollständige App.config von Systema.Business.ConsoleHost

Dieser Anhang zeigt die für das Logging angepasste `App.config`. Der Einsatz erfolgt über die Angabe des Attributes `Tag["LogDebug"]` für die jeweilige Klasse oder Methode. Das Listing 20 zeigt hierbei den vollständigen XML-Code der Datei und die Abbildung 26 die Struktur in der LIBRARY ENTERPRISE CONFIGURATION.

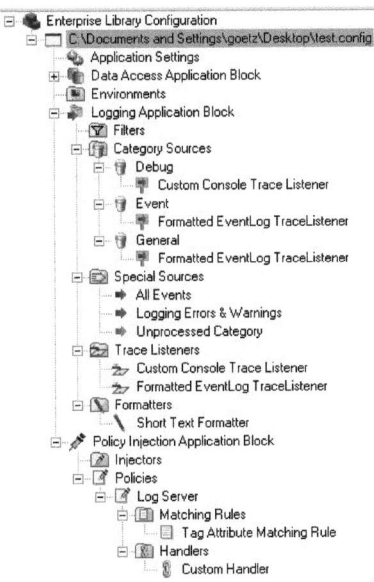

Abbildung 26: Struktur der vollständigen Enterprise Library Configuration

Listing 20: App.config

```
1  <configuration>
2    <configSections>
3      <section name="policyInjection" type="Microsoft.Practices.EnterpriseLibrary.
          PolicyInjection.Configuration.PolicyInjectionSettings, Microsoft.Practices.
          EnterpriseLibrary.PolicyInjection, Version=3.1.0.0, Culture=neutral,
          PublicKeyToken=b03f5f7f11d50a3a" />
4      <section name="loggingConfiguration" type="Microsoft.Practices.EnterpriseLibrary.
          Logging.Configuration.LoggingSettings, Microsoft.Practices.EnterpriseLibrary.
          Logging, Version=3.1.0.0, Culture=neutral, PublicKeyToken=b03f5f7f11d50a3a" />
5      <section name="dataConfiguration" type="Microsoft.Practices.EnterpriseLibrary.Data.
          Configuration.DatabaseSettings, Microsoft.Practices.EnterpriseLibrary.Data,
          Version=3.1.0.0, Culture=neutral, PublicKeyToken=b03f5f7f11d50a3a" />
6    </configSections>
7    <policyInjection>
8      <policies>
9        <add name="Log Server">
10         <matchingRules>
11           <add match="LogDebug" ignoreCase="false" type="Microsoft.Practices.
                EnterpriseLibrary.PolicyInjection.MatchingRules.TagAttributeMatchingRule,
```

```xml
                 Microsoft.Practices.EnterpriseLibrary.PolicyInjection, Version=3.1.0.0,
                 Culture=neutral, PublicKeyToken=b03f5f7f11d50a3a"
            name="Tag Attribute Matching Rule" />
        </matchingRules>
        <handlers>
          <add type="Systema.Library.TracingUtils.LogDebugHandler, Systema.Library.
               TracingUtils, Version=1.0.0.0, Culture=neutral, PublicKeyToken=9
               c945b9bff6bdf3c"
            name="Custom Handler" />
        </handlers>
      </add>
    </policies>
  </policyInjection>
  <loggingConfiguration name="Logging Application Block" tracingEnabled="true"
    defaultCategory="General" logWarningsWhenNoCategoriesMatch="true">
    <listeners>
      <add listenerDataType="Microsoft.Practices.EnterpriseLibrary.Logging.Configuration.
           CustomTraceListenerData, Microsoft.Practices.EnterpriseLibrary.Logging, Version
           =3.1.0.0, Culture=neutral, PublicKeyToken=b03f5f7f11d50a3a"
        traceOutputOptions="None" type="Systema.Library.TracingUtils.
           CustomConsoleListener, Systema.Library.TracingUtils, Version=1.0.0.0, Culture
           =neutral, PublicKeyToken=9c945b9bff6bdf3c"
        name="Custom Console Trace Listener" initializeData="" formatter="Short Text
           Formatter" />
      <add source="Enterprise Library Logging" formatter="Short Text Formatter"
        log="Application" machineName="" listenerDataType="Microsoft.Practices.
           EnterpriseLibrary.Logging.Configuration.FormattedEventLogTraceListenerData,
           Microsoft.Practices.EnterpriseLibrary.Logging, Version=3.1.0.0, Culture=
           neutral, PublicKeyToken=b03f5f7f11d50a3a"
        traceOutputOptions="None" type="Microsoft.Practices.EnterpriseLibrary.Logging.
           TraceListeners.FormattedEventLogTraceListener, Microsoft.Practices.
           EnterpriseLibrary.Logging, Version=3.1.0.0, Culture=neutral, PublicKeyToken=
           b03f5f7f11d50a3a"
        name="Formatted EventLog TraceListener" />
    </listeners>
    <formatters>
      <add template="{timestamp} : [{category}] {message}" type="Microsoft.Practices.
           EnterpriseLibrary.Logging.Formatters.TextFormatter, Microsoft.Practices.
           EnterpriseLibrary.Logging, Version=3.1.0.0, Culture=neutral, PublicKeyToken=
           b03f5f7f11d50a3a"
        name="Short Text Formatter" />
    </formatters>
    <categorySources>
      <add switchValue="All" name="Debug">
        <listeners>
          <add name="Custom Console Trace Listener" />
        </listeners>
      </add>
      <add switchValue="All" name="Event">
        <listeners>
          <add name="Formatted EventLog TraceListener" />
        </listeners>
      </add>
      <add switchValue="All" name="General">
        <listeners>
          <add name="Formatted EventLog TraceListener" />
        </listeners>
      </add>
    </categorySources>
```

```
53    <specialSources>
54      <allEvents switchValue="All" name="All Events" />
55      <notProcessed switchValue="All" name="Unprocessed Category" />
56      <errors switchValue="All" name="Logging Errors &amp; Warnings" />
57    </specialSources>
58  </loggingConfiguration>
59  <connectionStrings>
60    <add name="Business" connectionString="Data Source=ntpc63\sqlexpress2005;Initial
          Catalog=wika;Persist Security Info=True;User ID=wika;Password=philip;User
          Instance=False"
61      providerName="System.Data.SqlClient" />
62  </connectionStrings>
63 </configuration>
```

G. Vollständige Implementation des LogDebugHandler

Das Listing 21 zeigt den für das Logging angepasste `LogDebugHandler`, so dass AOP durch die Attributangabe `Tag["LogDebug"]` angewendet werden kann.

Listing 21: LogDebugHandler.cs

```
1  using System;
2  using System.Collections.Specialized;
3  using System.Configuration;
4  using System.Diagnostics;
5  using System.ServiceModel;
6  using Microsoft.Practices.EnterpriseLibrary.Common.Configuration;
7  using Microsoft.Practices.EnterpriseLibrary.Logging;
8  using Microsoft.Practices.EnterpriseLibrary.PolicyInjection;
9  using Microsoft.Practices.EnterpriseLibrary.PolicyInjection.Configuration;
10
11 namespace Systema.Library.TracingUtils
12 {
13     /// <summary>
14     /// LogHandler für den Einsatz von AOP
15     /// </summary>
16     [ConfigurationElementType(typeof(CustomCallHandlerData))]
17     public class LogDebugHandler : ICallHandler
18     {
19         /// <summary>
20         /// Konstruktor
21         /// </summary>
22         /// <param name="configValues">Konfigurationseigenschaften</param>
23         public LogDebugHandler(NameValueCollection configValues){}
24
25         /// <summary>
26         /// Order
27         /// </summary>
28         public int Order { get; set; }
29         private static bool loggingDisabled =
30             ConfigurationManager.GetSection("validation") == null;
31
32         #region ICallHandler Member
33         /// <summary>
34         /// Method Invoke
35         /// </summary>
36         /// <param name="input"></param>
37         /// <param name="getNext"></param>
38         /// <returns></returns>
39         IMethodReturn ICallHandler.Invoke(IMethodInvocation input, GetNextHandlerDelegate
                getNext)
40         {
41             IMethodReturn result = getNext()(input, getNext);
42             String methodName = input.MethodBase.Name;
43
44             switch (methodName)
45             {
46                 case "LogOn":
47                     // holen der Windows Identität zum Loggen in diesem Fall
48                     methodName = String.Format("LogOn by {0}", ServiceSecurityContext.
                        Current.WindowsIdentity.Name);
49                     break;
50                 default:
```

```
51              break;
52          }
53
54          if (loggingDisabled)
55              return result;
56
57          LogEntry entry = new LogEntry();
58          entry.TimeStamp = DateTime.Now;
59          entry.Severity = TraceEventType.Verbose;
60          entry.Categories.Add("Debug");
61          entry.Message = methodName;
62          Logger.Write(entry);
63
64          return result;
65      }
66
67      #endregion
68  }
69 }
```

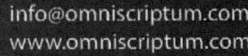